《兩拍》研究

黃 秀 愛 著

文史哲學術叢刊

文史哲出版社印行

國家圖書館出版品預行編目資料

《兩拍》研究 / 黃秀愛著. -- 初版 -- 臺北市：
文史哲，民 105.01 印刷
頁； 公分（文史哲學術叢刊；15）
參考書目：面
ISBN 978-957-549-122-2（平裝）

1.中國小說 – 歷史 – 明（1368-1644）

857.41　　　　　　　　　　　　　　87002095

文史哲學術叢刊　15

《兩拍》研究

著　　者：黃　　　秀　　　愛
出 版 者：文 史 哲 出 版 社
http://www.lapen.com.tw
e-mail：lapen@ms74.hinet.net
登記證字號：行政院新聞局版臺業字五三三七號
發 行 人：彭　　　正　　　雄
發 行 所：文 史 哲 出 版 社
印 刷 者：文 史 哲 出 版 社
臺北市羅斯福路一段七十二巷四號
郵政劃撥帳號：一六一八○一七五
電話886-2-23511028・傳真886-2-23965656

實價新臺幣三○○元

二○○二年（民九十一）六月初版二刷
二○一六年（民一○五）一月（BOD）初刷

《兩拍》研究

目　錄

前　　言

　　明代是小說創作的全盛時期。長篇章回小說醞釀成熟，大大的提高了小說家描寫人物形象的能力，使小說中的人物有更廣闊的社會活動環境。短篇小說也經過了好幾個世紀的發展，累積了豐富的創作經驗。

　　《三言》和《兩拍》是明代具有代表性的兩部短篇話本集。《三言》收集了宋、元和明三代的話本，並非馮夢龍一人所作。《兩拍》裡的故事，雖也存有前代話本的遺跡，然而，它卻是凌濛初在收集舊有話本的基礎上，加工潤色而成的作品。學者們常將《三言》和《兩拍》合稱，但是對於這兩部書的評價卻並非等量齊觀。

　　一般學者都認為《兩拍》的價值不及《三言》，在思想及藝術方面都較《三言》遜色，所以多集中精力在對後者的研究上。其實，《兩拍》為個人創作，而《三言》則是舊話本的合集，兩部作品的特質不同。因此在評論時，應該有所區別。

　　《三言》的成就，論者都給予較高的評價。然而，它只是收集經過了廣大民眾潤飾和集體創作的作品，雖然馮夢龍對舊話本曾作大幅度的修改，以創作量而論，馮夢龍還是比不上凌濛初。在《兩拍》作品中，約有七十五篇是凌濛初個人的創作。

　　本書第一章將討論有關凌濛初的生平及其創作。有關這方面的資料，除了縣志、府志有零星的記載之外，尚有葉德均所作的《凌濛初事跡繫年》，張宏庸的碩士論文《兩拍研究》及日人荒

木猛所作的有關凌濛初生平的文章等。然而這方面的原始資料還是十分缺乏，仍有待發掘。

以現代文明的眼光來探討明代的生活，必然產生隔閡的感覺，所以在第二章中，是以《兩拍》做為媒介，去了解當時的社會背景，使現代的眼光能與傳統的觀點交會，以便體會《兩拍》所含蘊的思想意識、社會民情風俗以及它在文學發展上所擔負的使命。

值得一提的是，許多評論者都將矛頭指向《兩拍》中的黃色畫面，並給予大力的抨擊，及以這點瑕疵來否定這兩本書的價值。其實，有關這方面描寫的篇幅，只占了極少部分。如果客觀地從整體來分析討論作品的主題涵意，它是微不足道的。因此，在第三章探究有關《兩拍》思想的篇章中，只集中談論其菁華，其糟粕部分，留待第五章評述。

此外作為通俗小說的《兩拍》，寫作特點秉承了古典小說中所謂「奇」的技巧。這種「奇」的寫作方式產生一種令人不能抗拒的藝術魅力，為當時的讀者所喜聞樂見。然而所謂「奇」並非指荒誕不經的無稽故事，而是選擇生活中奇特而又有一定社會意義的事件，由事件自身衍生出來，這種「奇」的技巧是建立在現實生活的基礎上的。因此第三章中對《兩拍》內涵的探討，是更進一步地了解「奇」的積極作用及其現實意義。

至於第四章，筆者試圖從結構和敘事手法、情節、氣氛營造、人物及語言等不同的焦點，來討論作品的藝術成就，盼能涵蓋全書的特色。

最後的一章，即第五章是對全書的總省察，作出總評，並抉別出那些故事，為後來作品所借鏡，為小說所採納，編成集子，刊行流傳，藉以說明《兩拍》的影響。

第一章　凌濛初的生平和作品

第一節　家學淵源

在傳統中國社會裡，世代祖先從政的光輝歷史，勛功偉業都是後代子孫炫耀的事跡。居官封爵的祖先，雖是子孫學習的楷模，但也形成子孫們精神上的枷鎖，因襲的重擔。

生長在顯赫家世的士子，如果在進取功名的道途上屢遭挫折，勢必為族人所歧視和指摘，在生活中歷盡煎熬和痛苦。

通過凌濛初父兄的作品，以及他自己的著作，我們對凌氏家世科甲鼎盛的情況有了約略的了解。

根據《周禮》的說法，凌氏的遠祖是周朝掌冰的官吏：

> 凌人掌冰，正歲十有二月，令斬冰，三其凌。春始治鑑，凡外內饔之膳羞，鑑焉。凡酒漿之酒醴亦如之①。

凌濛初的父親迪知所著的《萬姓統譜》裡，記載了「凌」姓的由來：

> 按凌氏者，衛康叔支子，為周凌人子孫，以官為氏，則自三代以來，其名世也遠矣……唐太宗天下譜牒，退新門進舊望，左膏梁右寒微，一百九姓，千六百五十二家，而凌氏亦與首稱焉，固天下名族也②。

因此，自周朝以後的子孫便以官為姓氏。在三國時有位叫凌統的人，《廣韻》作「凌統」，但他是不是凌濛初的祖先，則無

從考查。從《萬姓統譜》中，知道在唐朝時，「凌」姓可說是天下名族之一。

清代禮樂學家凌廷堪，認為「凌」字應當根據《廣韻》從水作「淩」：

> 竊謂吾族受氏之由，當據通志以官為氏，而字當據《廣韻》從水作「淩」；……《廣韻》的水旁淩字下注，引吳志偏將軍為證，而於「仌」旁凌字下，但注云冰凌，別無他語，則當時所見吳志原文，固是從水之淩字也。凌氏皆祖偏將軍，則從水作淩為宜，合吳志刻本作淩字。從「仌」是後人因以官為氏，而妄改《廣韻》，古書二字偏旁判然不紊，非魯魚亥豕者此，當本之以為定說也③。

「凌」姓在今天雖有從冰和從水的分別，但是，根據凌迪知的《萬姓統譜》看來，在明代時，卻沒有這種分別。同時，清代凌廷堪也認為「凌」姓應根據《廣韻》，從「水」作淩。所以凌濛初的「凌」，也應是三點水的淩。

凌濛初的家世

據《萬姓統譜》裡凌姓家族的資料來推斷，最早有關凌濛初的直系祖先的記載，是宋末時的凌時中。

凌時中，字德庸，安吉人。為元將伯顏招諭安吉、武康及德清三邑的人民，獲封「建昌路」。他為官時，為冤民申冤不果而欲解印辭官，又不獲准，幸後來案情大白，事情才獲得解決。

凌時中的兒子凌懋翁，字師德，景定二年進士。在連州時，懋德率領百姓抵抗流寇，流寇一聽是凌知州，不戰而退。後來他又招諭了蠻酋④。

　　凌懋翁的二世孫凌壽，從安吉遷居歸安⑤。凌壽的兒子凌均德，則隱居不仕⑥。

　　凌壽的孫子凌賢，秉承祖父居官剛正不阿的性格，為人耿直。在洪武二十一年應浙江鄉荐。他後來與長官不和而被謫遷到均州。後雖被重用，但卻稱病不接受⑦。

　　凌賢的第二個兒子凌晏如，在永樂初年被授為中書舍人。晏如精於書法，且性格與父親相近，處事公正⑧。

　　由於他當官正直，清明廉潔，所以在他去世之後，兒子凌敷生活貧困而不得不入贅烏程晟舍里閔氏為婿，而與閔氏家人同住，成為烏程人：

　　　凌閔二姓所居，世為姻戚，而不免仇妒⑨。

　　凌濛初的曾祖父凌震為凌敷的兒子。曾任黔陽縣訓導。是一個有「俊才，博綜群籍，曉析百家，善古文，尤長於詩」⑩的讀書人。

　　凌震的第三個兒子凌約言是凌濛初的祖父，他在嘉靖十九年應天鄉試。後被委為全椒知縣，沔陽知州，盧州府同知等官位。他的為人「性情爽疏朗，與人和而介」⑪。著有《風笙閣簡鈔》、《椒沔稿》及《病稿偶錄》等書。

　　世代書香，且近世祖為官正直，性格剛正的美德，以及對文學的重視與積極研究學問的態度，深深地感染了凌濛初，使他的生活與文學有著緊密的連繫。

凌濛初的家庭

　　凌濛初的父親凌迪知是約言的長子。在嘉靖三十五年時考獲進士，授工部員外郎。在任工部員外郎時，由於受到中傷而被調

任定州同知，大名府判和常州府同知等官職，無法回到中央⑫。
由於這種遭遇，使凌迪知罷官歸鄉，讀書終老：

> 罷歸，閉戶著稱林下三十四人，日校讎群書，雕板行世，
> 年七二卒⑬。

在這個時期，他刻了不少書；如《萬姓統譜》和《名世類
苑》等書。在蒐集及刊刻圖書的過程中，都有兒子從旁協助。因
此凌氏兄弟都是刻書能手，凌濛初也不例外。

凌湛初、凌潤初和凌涵初⑭爲凌迪知元配包氏所生的三個兒
子。但是，凌潤初死於隆慶四年，死時才二十歲⑮。湛初在二十
五歲時死去⑯。他們去世時，凌濛初還未出世，所以他對兩位兄
長沒什麼印象。迪知的元配包氏，在得知長男死去後不久也去世
了⑰。

除了父親之外，影響凌濛初最深，和他感情最好的要算是哥
哥凌瀛初，字彥仙⑱。他們兄弟年紀差距相當大。這點我們可以
從瀛初的《批點世說新語》舊跋中得知：

> 余弱冠時，幸睹王次公批點世說一書，發明詳備，可稱巨
> 觀，以刻自豫章藩司中，不能家傳戶誦爲恨。壬午秋嘗命
> 之梓，殺青無幾，惜板忽星失，余唯是有志而未逮也。

接著他又說：

> 後家弟初成，得馮開之先生所秘，辰翁、應登西批注本，
> 刻之爲鼓吹，欣然以爲快事，獨失載圈點，未免有遺珠之
> 嘆⑲。

壬午即萬曆十年，凌瀛初已不止二十歲，而凌濛初卻是在萬
曆八年才出世。同時從上面所提到的，可以看出兩人在刻書的工
作中，凌瀛初常以兄長的身份來協助他。在馮夢禎的《快雪堂

集》卷五十九中，也記載了萬曆壬寅（三十年）十一月曾見到凌瀛初及凌濛初兩兄弟的情形：

> 初八、晴。早行三十里，至晟舍……宋宗獻先以小舟出會，既飯，乃入港，里許而至凌氏。凌氏太學莅初、瀛初者出迎餘於舟，既至，具吉服登門，主人兄弟迎於門外。兄名濛初，字玄房，弟名浚初，字玄靜。登門納（贄），致謝允之儀。主人邀吳允兆相陪。主人母氏蔣尚書之後，允兆之內侄女也。

從前文凌瀛初的《批點世說新語》舊跋裡，我們已可肯定凌瀛初為凌濛初的親哥哥。同時，在上文馮夢禎的《快雪堂集》裡也確定了在萬曆三十年時，瀛初仍然健在。至於文中所提到的莅初到底是什麼人？則不得而知。不過，在葉德均的《凌濛初事跡繫年》裡，提到了濛初的三哥名為涵初，卻未提到瀛初這個人。由於記載不詳，我們無法確定二人排行的先後。

綜上所述，我們對凌濛初的家庭背景有了約略的了解。凌姓是以周朝的掌冰官銜為姓氏。遠祖是衛康叔的支子。原籍為安吉，宋以後遷歸安，到明朝因凌敷入贅烏程閔氏而定居烏程（今浙江湖州）。

凌濛初的祖先世代為官，且政績卓然，勤政愛民。這無形中給凌濛初帶來極大的壓力。因此，凌濛初的屢試不第，心情苦悶自是可想而知。祖先為官時，盡心竭力於國家社會的改革的態度，對他起了很大的影響，成為他的模範。

同時，父親及兄長們交會文友、談文論藝及實際的創作工作，對他具有鼓舞的力量，引導他日後走向文學創作的道路。又由於在刻書的過程中，與俗文學作品接觸的機會頻繁，使他與俗

文學也結下了不解之緣。

第二節　凌濛初的生平小傳

凌濛初生於明神宗萬曆八年（1580 年），卒於思宗崇禎十七年（1644 年）。他名叫凌波，字玄房，後改為元房。他在《東坡禪喜集》的跋文中曾說：

> 此開之先生所跋，……其所稱元房，則余稚年舊字也。

在《縣志》及《府志》中提到凌濛初時，都稱他「字元房」。這是因為清聖祖御名「玄燁」，避諱而改為元房。凌濛初的另一字為波斤，號初成，又號稚成，別署即空觀主人或即空居士。

凌氏本為歸安人，後來由於「敷出贅晟舍閔氏，遂為烏程。」[20]。根據葉德均《凌濛初事跡繫年》的記載，凌濛初出生於萬曆八年五月初七日未時。他的父親當時已經五十二歲，而生母蔣氏則只有二十一歲。他的母親蔣氏是繼室，父親的前妻包氏已逝世，長兄湛初已死了七年，次兄潤初已死了十一年。三兄涵初則年已二十二歲。在凌濛初出生後的第二年，家中又添了一位小弟，名為浚初，字玄靜。

從凌濛初的生平事跡來看，他的一生大致可以分成求學、交友、著作和為官四個時期。

一、求學時期

首先是談讀書求學時期的生活。凌濛初於萬曆十九年（1591年），十二歲時入學。即所謂「十二歲游泮官」[21]。在十八歲時

當上了廩膳生由政府每月給予六斗的食米和魚肉。學習的內容為禮樂射御書數。凡是頑劣不聽教誨的學生則被黜除學籍。

除了讀書之外，他在家中也得到了父親迪知和兄長的教導。由於他經常參與父兄的刻書工作，使他成為刻書的能手，在朱墨套印本方面頗有所就。刻書的工作，使他與俗文學有了頻繁的接觸，激發了他的興趣，日後積極從事這方面的創作。

在萬曆二十八年（1600 年），凌濛初二十一歲時，父親迪知逝世。

二、交友時期

兩年後，萬曆三十年（1602 年）凌濛初和馮夢禎相識並開始交往。馮夢禎在《快雪堂集》卷五十九《快雪堂日記》萬曆壬寅（三十年）十一月條中記載：

> 初八，晴，早行三十里，至晟舍，相傳唐李令公嘗駐師於此，故以名其處。宋宗獻先以小舟出會，既飯，乃入港，里許，而至凌氏。凌氏太學莅初，瀜初者出迎余於舟；既至，具吉服登門，主人兄弟迎於門外。兄名濛初，字玄房，弟名浚初，字玄靜。登門納贄，致謝允之儀。主人邀吳允兆相陪。主人母氏蔣尚書之後，允兆之內姪女也。是日有前筵正席，前筵席散，乃拜二太學，同居次泉之子，拜次君。玄靜主人相陪正筵，就座已迫暮色，呂三班作戲，演〈香囊記〉。席散，夜且半矣。

馮夢禎在湖州時，曾被邀到凌濛初的家中作客。文中的宋宗獻相信也是居住在烏程的人，而且和凌氏兄弟相識，才由他先盡地主之誼，然後將夢禎送到凌家。

　　第二年正月，馮夢禎約了濛初到吳閶游玩，同行的還有行齋和尚。在途中，他們聯舟吟詠，回返時已批閱了《東坡禪喜集》和《山谷禪喜集》，兩書共同在天啓辛酉年（1621 年）刊行㉒；在《東坡禪喜集》跋文中，他說：

> 歲之侯卯，開之先生有吳閶之游，招餘同住、回聯舟以行、各有詩。……竟問余、奚襄攜得何書、余以《景德傳燈錄》及《蘇黃禪喜集》對，……有坐有釋行齋，先生時舉妙義相證。隨筆其上方。吳閶返、掉二集皆卒業、向秘之笥中。迄今凡十九年……付之剞劂一新、恍如昨游、爲之慨然。
>
> 天啓辛酉春季，吳興凌濛初跋並書。

　　同時，在《東坡禪喜集》的序文中，馮夢禎說「余老矣，願以勉玄房」。可見馮夢禎當時年紀已大，對於年輕的濛初十分看重，除了常給他勉勵之外，尚將所秘藏的《批點世說新語》贈給他㉓。濛初對夢禎感激不已，在批點之後十九年刊行的《東坡禪喜集》的跋文中，對死去多時的馮夢禎十分懷念，可見兩人交情之深厚。

　　除了馮夢禎之外，比凌濛初年長二十二歲的陳繼儒也是他的師友輩。在《遠山堂劇品》中〈顛倒姻緣〉條說：

> 凌波舊有〈桃花莊〉劇，以韻調未諧而中廢。及晤陳眉公，微言之《會眞記》，張負崔也。……凌大然之，因凌舊作一新之。人面桃花，崔張辛以合卺。……

　　從《陶韋合集》的凌濛初序文中，可以看出他和何露也有交往：

> 往來以繼陶者莫如左司。而兩集無合刻者，合之自何觀察

露始。余游白門，以其刻見示。

在《吳騷二集》中，張琦說：

余於白下，始識初成，見其眉宇恬快，自負情多。復出著
輯種種，頗有謔浪人寰，吞吐一世之概。

由於張琦對凌濛初的賞識，二人開始結爲文友。和他交往的
除了上面幾位之外，尚有明代才子袁中道，中道在《游居柿錄》
卷三裡，曾提到在萬曆三十七年時在南京與凌濛初見面的情形：

珍珠橋晤湖州凌初成，見壁間掛劉松年畫兩人對奕，作沉思
狀，相嘆以爲人物之工如此，近世自文衡山以後，人物不可觀
矣。

湯顯祖《詩文集》卷四十七〈答凌初成〉裡，他除了提出自
己創作的方法之外，還稱讚凌濛初的雜劇作品：

乃辱足下流覽，重以大制五種，縱隱濃淡，大合家門。至
於才情，爛熳陸離，嘆時道古，可笑可笑，定時明手㉔。

由此可見，凌濛初和湯顯祖兩人在創作方面，曾經交換創作
的經驗。同時，湯氏對凌濛初也頗爲欣賞。

通過以上的資料可以看出凌氏和文壇前輩的交往及同時期文
人的聯繫，相信他在當時的文壇上也頗爲活喔，才會得到文人前
輩們的欣賞及文友的造訪。

大致來說，在這段期間，凌濛初所度過的是一段歡愉的學
習、交友生活。在刻書、輯書及著作各方面，都得到了年長師友
的幫助，他們在凌濛初的生活中扮演著極重要的角色。由於生活
愉快，心境開朗，所以我們看到的凌濛初，是一個有才氣，對人
生充滿著理想，而且性格達觀的青年。

萬曆三十三年（1605 年）六月，由凌濛初正室沈氏所生的第

一個兒子出世，名凌琛，字獻之。同年九月，生母蔣氏在南京逝世。馮夢禎《快雪堂集》卷二十八曾記載濛初扶柩回烏程：

> 苕溪凌玄房母蔣宜人，自白下奉柩還，聞朴，宜當赴吊。

由此可見，凌濛初在當時已住在南京，所以母親逝世後，他得扶柩歸鄉。然而，到底為什麼凌濛初遷居南京？是為了考取政名，施展抱負，還是為了參加文學活動？由於缺乏資料，我們不得而知。到了十月，對凌濛初影響很大的馮夢禎也去世了。

三、著書時期

我們都知道，在明代，士大夫以文會友，一方面學習時藝，揣摩風氣，結交知己是極其普遍的事。因為結友求朋之故，逐漸形成結社的行動，特別是在人文薈萃的大城市和都市中，士子雲集，詩酒唱和。這樣一來，便有所謂「社盟」、「社局」和「社坊」等組織。所謂「坊」便是書鋪，可見結社與書鋪很有關係，作家與書鋪的聯繫便是建立在這種基礎上。凌濛初既是當時的文人之一，與書鋪也必然有著密切的關係。

萬曆三十四年（1606 年），凌濛初二十七歲時，開始了他另一段著書、刻書及出版書籍的生活。

首先，他刊行了共十二卷的《後漢書纂》，由南京一位周姓的書商出版，書的封面有「萬曆丙午孟多穀旦，《後漢書》，金陵周氏刻行。」

萬曆四十四年（1616 年），凌濛初三十七歲時，第二個兒子凌葆出世，字元之。三年後，他四十歲時，第三個兒子凌楚，字薪之出世。

在天啓元年（1621 年），《東坡禪喜集》刻好刊行。

天啓三年（1623 年），他四十四歲時，入都就選，但過程並不如意。

天啓七年（1627 年），他編撰《拍案驚奇》，第二年，《拍案驚奇》刊行㉕。同年十一月，第四個兒子凌囊，字受之出世。

崇禎二年（1629 年）出版沈泰編刊的《盛明雜劇》初二集裡，選了《北紅拂》三劇，並附上〈顛倒姻緣〉，然而，目前只剩下〈虯髯翁〉一劇。這時，凌濛初已是五十歲。

崇禎五年（1623 年），凌濛初五十三歲時，《二刻拍案驚奇》刻成㉖。同時，由側室卓氏所生的第五個兒子出世，名爲凌棻，字五之，一字午沚。

在著述期間，凌濛初受到了考試失敗的打擊。在《凌濛初事跡繫年》天啓三年一條中曾載：

> 公試於浙，再中副車；改試南雍，又中副車；改試北雍，復中副車，乃作〈絕交舉子書〉，爲歸隱計。將於杼山戴山間營一精舍，以終老焉。作〈杼山賦〉、〈戴山記〉、〈戴山詩〉以見志。

凌濛初由於科名蹭蹬而想隱居山林，當時心情的苦悶落寞，可以想見。

天啓七年（1627 年），凌濛初所編撰的《二刻拍案驚奇》自序裡，也透露了心中的憂悶：

> 丁卯之秋，事附膚落毛，失諸正鵠。遲迴白門，偶戲取古今所聞一二奇局可紀者，演而成說，聊舒胸中磊塊。

在《四庫提要》卷一百八十，凌濛初的《國門集》裡提到他兩度到南京：

> 是集皆以入國門以後作。故謂之國門。再入再刻，故有乙

集也。

凌濛初屢試不第之後的失望心情，在《國門乙集》也曾表示過：

> 詩末附雜文數篇，蓋屢躓場屋時，故頗多抑鬱無聊之作。

張旭初《吳騷二集》中的〈惜別〉一條中，錄有凌濛初的〈夜窗對話〉：

> 余飄逢浪跡，落魄余生。

《夜窗對話》的寫作時間，最遲不超過崇禎十年，這句話多少反映了他在這段期間的心情。他當時的精神狀態可說是失意、漂泊及孤獨的組合。仕途既不得意，心中積鬱，唯有隱居起來，著書立說。但為官從政的理想不斷地在他腦海中縈繞，使他欲罷不能，生活在徬徨予盾的痛苦中。

四、為官時期

崇禎七年（1634年），凌濛初五十五歲時，可說是他一生的轉捩點。在這一年，他當上了上海縣丞，專管海防事務。這時的明朝，內憂外患交相逼至，一直到崇禎十七年，明朝滅亡為止。

雖然縣丞只是一個很小的職位，然而對凌濛初來說，卻是體現政治抱負，為國效勞的機會，所以他放棄了文學的創作而專心政務。

在任期間，他肅清了鹽場的積弊。在上海他當了八年的縣丞後，於崇禎十五年（1642年），六十三歲時，被擢升為徐州判，他深得人民的愛戴。在卸任的那一天，沿街都有人民涕泣相送。

明末時，除了對外抵禦外族不時的侵略之外，對內則必須鎮壓農民起義軍。擢升徐州判時，凌濛初在房村治河時，何騰蛟正

在淮徐備兵抵抗農民起義軍，當時稱爲流寇。何氏由於仰慕凌氏的才略而徵他入幕。凌濛初獻上〈剿寇十策〉。在流寇來侵襲時，他膽識過人，竟單獨到賊營勸說流寇們投降。他的勇敢及愛國的熱忱感化了流寇，紛紛率部屬前來投降，終於化干戈爲玉帛。

這種英勇的表現，使凌濛初獲得另一次擢升的機會。朝廷委派他爲夢中監牢僉事，但他並沒有接受，仍舊留在房村。當時，他已六十四歲。

崇禎十七年（1644 年），李自成建立了大順國，在正月時，他率兵進攻房村。六十五歲的凌濛初，抱病誓與百姓死守：

> 初九日黎明，「賊」大呼曰：「我輩欲見凌公。」〔公〕在樓上叱之曰：「汝等欲說我降耶！誠目我爲何如人？我豈鼠輩偷生比耶！」發鳥銃斃數人。〔賊〕大怒，攻之益急。公謂百姓曰：「豈可爲我一人害合村百姓，我將墜樓而死，以保全汝眾。」「百姓俱號哭，願同死守。公曰：「我在此三載，無德於汝，詎可遺爾荼毒！我死，汝輩得全。」……仆以職小爲解，公曰：「我自全我節耳！豈以爵之崇卑計耶？」即嘔血數升，謂眾曰：「觀〔賊〕呼我爲凌公，彼尚有人心者，可扶我與〔賊〕面語。」乃呼〔賊〕語之曰：「我力已竭，明日死矣，萬勿傷我百姓！」〔賊〕唯唯而退。十二早嘔血不止，公呼百姓謂曰：「生不能保障，死當爲厲鬼殛〔賊〕！」言與血俱，大呼「無傷吾百姓」者三，而卒。眾皆慟哭，自死以殉者，十餘人㉗。

雖然凌濛初爲官只有短短的十一年，可是卻在房村留下了令

人民緬懷的政績。房村人民建造了祠堂來祭祀他。

　　生長在書香門第，累代科甲的閥閱世家中，加深了凌濛初科場失利，功名蹭蹬的苦悶心情。所以在科場失敗後，他將失意之情貫注於詩文、寫作及刊刻的工作上。然而我從政的理想並未隨著歲月而影消蹤滅。相反的，由於日累月積的結果，逐漸形成一種強烈的愛國愛民的奉獻感，終於演化成以身殉節的壯烈事跡。

　　正如中國傳統的知識分子一樣，凌濛初在氣質與思想上，可說是儒家與道家的屬合。他關心社會，注意政治，所持的態度卻是保守和矜持的。處在逆境時，他過著學習與優游的生活。對時局有所不滿時，並沒有直接與公開的抨擊，而往往只用含蓄、間接的方式來抒發不滿的情緒。同時，他又默然地等待通過科舉一途向政治道路邁進。在他晉身仕途後，就積極地通過政治生涯來實現他勤政愛民及改革時弊的理想，企圖糾正政治與社會的偏頗。這種抱負，一直等到他五十五歲時，才有機會施展出來，他也表現了儒家致君澤民，鞠躬盡瘁，死而後已的積極精神。凌濛初的殉節房村，正是此種精神的體現。

第三節　凌濛初的著作及輯刻作品

　　凌濛初的著述，除了眾所周知的短篇白話小說《兩拍》之外，在文學創作的領域裡，他可算是一位多產的作家。凌氏撰雜劇、曲評、詩話和歷史故事——自然他傾注最多精力的是俗文學的創作。

　　有關凌濛初的著作，在《府志》、《縣志》及《四庫提要》裡都有記載，加上近人研究的結果，所知的有下列各種：

一、戲劇著作

凌濛初共寫了八齣雜劇。其中三齣雜劇是由一個故事演變而成，分寫紅拂、李靖和虬髯翁三人。除了創作之外，凌濛初還改編前人的作品、評選南曲及刊刻雜劇和傳奇。

1. 〈喬合衫襟記〉改編〈玉簪記〉而作，在他的〈南音三籟〉裡，共收集了傳奇〈喬合衫襟記〉五套。該書的《藏曲下》頁一九提到：

    > 此即空觀所度傳奇，即陳妙常事也。緣〈玉簪記〉失其本情，舛陋可厭，故為重翻而更新之。聊選數曲，以見一斑。此其〈題詞〉折也。知音者試以較之〈玉簪〉之詞何如。置之於此，亦以位置自難誣耳㉘。

    同時，在《太霞新奏》卷六〈惜別〉一套附記云：

    > 初成天資高朗，下筆便俊，詞曲其一斑也。曾改〈玉簪記〉為〈衫襟記〉，一字不仍其舊㉙。

2. 《莽擇配》

    全名為〈識英雄紅拂莽擇配〉，簡名〈莽擇配〉。《遠山堂劇品》將此劇列入《妙品》。按焦循《劇說》卷四記載：

    > 吾吳張伯起新婚伴房，一月而成〈紅拂記〉，風流自許。浙中凌初成更為北劇，筆墨排奡，頗欲晡睍前些人，但一事分為三記，有疊床架屋之病。

    從《遠山堂劇品》中，我們知道凌濛初先寫紅拂的故事，然後寫李靖及虬髯翁兩人的故事：

    > 凌初成既一傳紅拂，再傳衛公矣，茲復傳虬髯翁，豈非才思鬱勃，故一傳、再傳至三而始暢乎㉚？

3.〈驀忽姻緣〉

《遠山堂劇品》的〈妙品〉中收錄此劇：

> 熟讀元曲，信口所出，遒勁不群。如此妙才，惜其不作全
> 記，今止猶一臠耳。向日詞壇爭推伯起〈紅拂〉之作，自
> 有此劇，〈紅拂〉恐不免小巫矣。

由此可見，此劇必爲〈紅拂〉雜劇中的一齣，既已有了〈莽
擇配〉及〈正本扶余國〉，相信此劇就是寫有關李靖故事的雜
劇。然而由於雜劇劇本已失而無從考究。

4.〈正本扶余國〉

《盛明雜劇》本的卷首題爲〈虬髯翁〉㉛。《遠山堂劇品》
收錄入劇，列在〈雅品〉之項。

5.〈顛倒姻緣〉

《遠山堂劇品》將它列入〈妙品〉。按〈劇說〉指出：

> 凌波舊有《桃花莊》劇，以韻調未諧而中廢。及晤陳眉
> 公，言：「微之〈會眞記〉，張負崔也。欲傳此張女以崔
> 舍人死，死而復生，蓋報張也。」凌大然之，因攄舊作一
> 新之。《人面桃花》，崔、張卒以合巹，張負崔，崔何嘗
> 負張哉㉜。

可見在〈顛倒姻緣〉創作之前，凌濛初曾寫了〈桃花莊〉一
劇，後來半途而廢，但卻成爲前者的初稿。不過，〈桃花莊〉現
已失傳。

6.〈穴地報仇〉

《遠山堂劇品》將它列入〈妙品〉，〈劇品〉說：

> 且歌且泣，情見乎詞。豫讓報仇而死，蘇不韋報仇而生：
> 忠臣孝子，亦有幸有不幸耳㉝。

7.〈彌正平〉

《遠山堂劇品》將此劇列入〈雅品〉：

> 《漁陽弄》之傳正平也以怒罵，此劇之傳正平也以嘻笑，
> 蓋正平所處之地、之時不同耳㉞。

8.〈劉伯論〉

《遠山堂劇品》裡〈雅品〉中收錄的作品：

> 初成自號酒人，欲與伯倫爲爾汝交。醒眼、醉眼，俱橫絕
> 千古，故能作如是語㉟。

9.〈宋公明鬧元宵〉

《二劇拍案驚奇》四十卷本所附。爲崇禎五年（1632年）尚
友堂的刻本。卷首標作：〈宋公明鬧元宵雜劇〉，次行分題：
〈貴耳集〉、〈瓮天脞語〉紀事及即空觀填詞。

二、曲學著作及曲集

1.《南音三籟》

《南音三籟》流傳的刊本有明末原刻本及1668年（清康熙七
年）袁圓客增訂重刻本㊱。在《南音三籟》中，凌濛初共選南散
曲九十七套和小令二十七題；同時又選南傳奇一百三十二齣和只
曲十七題。所謂《南音》指的是南曲；《三籟》就是指將所選各
曲分別品評爲天籟、地籟和人籟三等㊲。

2.《譚曲雜劇》

本書未見單行本，只有《南音三籟》的附刻本。

凌濛初在《譚曲雜箚》中，極力推崇元曲的儉朴，反對梁伯
龍等文筆的「工麗」。並且認爲沈璟「以鄙俚可笑爲不施脂粉，
以生梗雉率爲出之天然」的矯揉造作。同時對於「尾聲」、「搭

架」及「賓白」都有精切的見解㊳。

三、散曲著作

《梁州新郎》〈惜別〉

《白雲齋選訂樂府》裡的《吳騷合編》第二卷裡，收錄了
《惜別》這篇作品㊴。

2.《香遍滿》〈傷逝〉

在《吳騷合編》中亦可找到此作。另外在《南音三籟》及
《太霞新奏》也收錄了本篇及上一篇作品㊵。

3.《夜窗話舊》

《吳騷合編》收錄此作，但《南音三籟》及《太霞新奏》都
沒有收錄。

四、詩文總集

1.《陶韋全集》十八卷

現存萬曆刊本，凌濛初表示刊行此書是受何露的影響：

> 從來以繼陶者，莫如左司，而兩集無合刻者，合之自何觀
> 察露始。余淑白門，以其刻見示㊶。

凌濛初將《陶靖節集》八卷和《韋蘇州集》十卷合刊。《陶
集》多採宋人評語，《韋集》則多爲明人評語。兩書附有凌濛初
案語。

2.《合選選詩》七卷

現存的是凌濛初原刊的朱墨套印本。附有凌氏所撰之《輯諸
名家合評選詩序》。編次依照《昭明文選》，僅將詩甲至詩庚改
爲卷一至卷七。雜採各家評語附於書上方，圈點則依郭正域㊷。

3.《東坡禪喜集》十四卷

在萬曆三十一年（1603 年），凌濛初與馮夢禎同遊吳閭，和行齋和尚共同批點《蘇黃禪喜集》，並由馮氏撰跋。回吳興後，並未立刻刊行，直到天啓元年（1621 年）才出版㊸。

現存的天啓元年刊本中，有陳繼儒的《東坡禪喜集序》、馮夢禎《東坡禪喜集跋》、凌濛初的《東坡禪喜集跋識》及《東坡禪喜集跋》㊹。

4.《惑溺供》一卷

在《快書》卷二十四中，可以找到《惑溺供》一卷。附閔景賢《惑溺供題詞》，後附〈何子序〉。此書爲天啓六年刊本，並無單行本㊺。

5.《國門集》、《國門乙集》各一卷

疑已散佚的《國門集》及《國門乙集》，在《四庫提要》卷一百八十裡提到在集後有數篇雜文：

並於詩末附雜文數篇，蓋屢躓場屋之時，故頗多抑鬱無聊之作云。

可知這幾篇雜文，爲凌氏當時心境之寫照，可惜原本未見。

6.《剿寇十策》

《同治府志》卷七十八的凌濛初條提到凌濛初獻《剿寇十策》。鄭龍采的〈別駕初成公墓志銘〉也記載凌濛初將作品獻給何騰鮫，並誘降陳小乙一事。

7.《贏縢三劄》

原書未見。

8.《蕩櫛後錄》

資料不詳。

9.《山谷禪喜集》

《湖錄經籍考》卷五曾提到:「東坡有禪喜集二卷,山谷禪喜集六卷,濛初集而評之。」

但《四庫總目》未提到這本書,可見當時此書已經散佚。由於原書未見,因此我們難以確定到底這本書共有幾卷。

10.《雞講齋詩文》

《同治府志》凌濛初項之下,曾將它列入他的作品中,但原書疑已散佚。

11.《已編蠹涎》

《同治府志》載有此書,不過原書未見。

12.《燕築謳》

《同治府志》將它歸入凌濛初的作品裡,但原書仍未發現。

五、經學著作

1.《言詩翼》六卷

書名作《言詩異》,又作《言詩翼傳》。全名為《合刻孔門兩弟子言詩翼》。在書中附有舊序跋三篇:郭子章〈合刻二賢詩傳小序序〉、李維禎〈二賢言詩序〉及詹思謙〈合刻二賢詩傳小序跋〉。書中也列出校閱該書的六個人:沈汝法、潘湛、凌瀛初、凌義渠、凌琛和凌璪。

2.《聖門傳詩嫡冢》十六卷

此書除了凌濛初撰的〈聖門傳詩嫡冢序〉之外,還有何萬化〈傳詩冢序〉,萬尚烈〈詩測合傳序〉,以及在《言詩翼》中已收集的郭、詹二人的《二賢詩傳》的序和跋。同時,在書中也附上了凌氏撰的凡例一篇及豐坊偽作的《申公說》一卷。

凌濛初個人對這部著作感到十分滿意，他認爲自己因得到〈子貢詩傳〉及〈申公說〉而對《詩經》的精義已融匯貫通，所以就算不是三百篇的功臣，也可一解幾千年來的疑案⑯，殊不知自己因一時不察，依據豐坊的僞作來詮釋《詩經》而成爲時人的話柄⑰。

在內閣文庫的藏本封面左下角，有「金閶安少雲梓」等字樣。安少雲即刊刻《拍案驚奇》的尙友堂主人。

3. 《詩逆》四卷

《四庫提要》〈詩逆〉條提到有〈七月表〉一篇及〈詩考〉一篇⑱。

4. 《詩經人物考》

《湖州府志》卷五十九〈藝文略〉及《縣志》都曾提到此書。但原刊本未見。

5. 《左傳合鯖》

《府志》和《縣志》都有記載，但缺乏說明，而《四庫提要》卻沒有提到這部作品。

六、史學著作

1. 《後漢書纂》十二卷

現存有萬曆丙午年金陵周氏的刻本。凌濛初寫作這本書的原因主是要繼承叔叔稚隆的工作。凌稚隆著有《史記纂》及《漢書纂》等書。

2. 《宋史補遺》

《縣志》有此書的記載，然而《府志》及《四庫提要》卻沒有有關的記載。

3. 《國策概》

　　《府志》及《縣志》都沒有收錄。傅大興題爲《戰國策概論》，王古魯則題爲《國篇策概》，但作品疑已散佚。

七、小説著作

1. 《初刻拍案驚奇》四十卷
2. 《二刻拍案驚奇》三十九卷附《宋公明鬧元宵》雜劇一卷

　　有關以上兩部小說的資料，詳見第三章〔《兩拍》源流探究及其刊本問題〕。

八、其他作品

1. 《絕交舉子書》
2. 《杼山賦》
3. 《戴山記》
4. 《戴山詩》

　　在鄭龍采的《別駕初成公墓志銘》裡提及凌濛初的以上作品，但是原作未見[49]。

九、刊刻作品

　　凌濛初刊刻的作品，現存的只有幾部。在《四庫提要》裡曾提到他刻書的嗜好：

　　　濛初喜取前人小品以套版刻之，剞劂頗工、而無禆芸苑……[50]。

　　由此可見，凌氏刊刻了不少作品。現在可以見到的有以下幾部：

1.《批點世說新語》

這本書是凌濛初和哥哥瀛初合作完成的,在《湖錄經籍考》卷五,凌瀛初硃批的世說新語條說:

> 余弱冠時,幸睹王次公批點《世說》發明詳備,可稱巨觀,以刻自豫章,不能家傳户誦。……後家弟初成,得馮開之先生所秘辰翁、應登兩批評本,刻之,爲鼓吹欣然以爲快事,獨失載圈點,未免有遺珠之嘆。

2.《蘇長公表啓》

前人誤題爲凌濛初的作品,其實是由凌濛初所刻[51]。

3.《西廂記》

除了刊刻《西廂記》之外[52],凌濛初還寫了《西廂記解證》[53]。

4.《琵琶記》

現存凌氏校刊朱墨套印本[54]。

5.現存的也是朱墨套印本[55]。

6.《幽閨》

現存凌氏刊刻的朱墨套印本,附有插圖[56]。

7.《南柯》

現存的也是朱墨套印本[57]。

除了以上的作品之外,在《府志》和《縣志》裡尚提到一本名爲《倪思史漢異同補評》十二卷的作品[58],但是在《四庫提要》裡並沒有收錄。在臺灣國家圖書館的藏本題爲《史漢異同補評》共三十二卷。書中卷一記有:

> 宋倪思編
>
> 元劉會孟評

明後學凌稚隆補訂

足證此書並非由凌濛初所作，所以沒有把它列入凌氏的史部著作裡。

茲將凌濛初的作品簡目列後：

1.	《喬合衫襟記》	傳奇	存
2.	《莽擇配》	雜劇	存
3.	《驀忽姻緣》	雜劇	佚
4.	《虬髯翁》	雜劇	存
5.	《顛倒姻緣》	雜劇	佚
6.	《穴地報仇》	雜劇	佚
7.	《禰正平》	雜劇	佚
8.	《劉伯論》	雜劇	佚
9.	《宋公明鬧元宵》	雜劇	存
10.	《南音三籟》	曲集	存
11.	《譚曲雜箚》	曲學	存
12.	《梁州新郎》〈惜別〉	散曲	存
13.	《香遍滿》〈傷逝〉	散曲	存
14.	《夜窗話舊》	散曲	存
15.	《陶韋合集》十八集	集	存
16.	《合評選詩》七卷	集	存
17.	《東坡禪喜集》十四卷	集	存
18.	《山谷禪喜集》	集	佚
19.	《惑溺供》一卷	集	存
20.	《國門集》《國門乙集》		
	各一卷	集	佚

21.	《繅寇十策》	集	佚
22.	《贏縢三箚》	集	佚
23.	《蕩櫛後錄》	集	佚
24.	《雞講齋詩文》	集	佚
25.	《已編蠹涎》	集	佚
26.	《燕筑謳》	集	佚
27.	《言詩翼》六卷	經	存
28.	《聖門傳詩嫡冢》十六卷	經	存
29.	《詩逆》四卷	經	佚
30.	《詩經人物考》	經	佚
31.	《左傳合鯖》	經	佚
32.	《後遺書纂》十二卷	史學	存
33.	《宋史補遺》	史學	佚
34.	《國策概》	史學	佚
35.	《初刻拍案驚奇》四十卷	小說	存
36.	《二刻拍案驚奇》三十七卷	小說	存
37.	《絕交舉子書》	不詳	佚
38.	《杼山賦》	賦	佚
39.	《戴山記》	不詳	佚
40.	《戴山詩》	賦	佚

綜觀以上資料，凌濛初所作的作品計有傳奇一部，雜劇八齣，曲學作品一篇，選曲集一部，散曲三首，十一本集子，經部作品五部，史學作品三部，短篇小說兩部，賦和詩各一首，其他作品有兩種。其中俗文學作品占了全部作品的大約一半。由此可見他對俗文學創作的積極態度。

　　目前，凌濛初遺留下來的作品，也只有原來的一半。可供參考以了解其生平的作品並不多。流傳至今的作品中，也以戲曲等占大多數。這主要是因為這類作品被其他文學集子所收錄，才能流傳下來。

【附　註】

① 《周禮注疏》卷五，見《四庫備用》經部（上海：中華書局，1935），頁 52。

② 凌迪知《萬姓統譜》（臺北：新興書局，1955），頁 890。

③ 陳萬鼐《凌廷堪年譜》，見《中山學術文化集刊》第十二集（臺北：商務印書館，1973），頁 83。

④ 凌迪知《萬姓統譜》，「凌懋翁」條（臺北：新興書局，1955），頁 885。

⑤ 同上書，「凌賢」條，頁 887。

⑥ 同上注。

⑦ 同上注。

⑧ 凌迪知《萬姓統譜》，「凌晏如」條（臺北：新興書局，1955），頁 888。

⑨ 葉德鈞《戲曲小說叢考》（北京：中華書局，1979），頁 582。

⑩ 凌迪知《萬姓統譜》，「凌震」條（臺北：新興書局，1955），頁 889。

⑪ 同上書，「凌約言」條，頁 889。

⑫ 荒木猛《凌濛初の家系どその生涯》，見《文化》第 44 卷 1.2 期（1980），頁 18。

⑬ 羅愫《烏程縣志》卷六，「凌迪知」條（清乾隆十一年刊本）。

⑭　王世貞《凌大夫元配包宜人墓志銘》，見《弇州山人續稿》卷106（學生書局影印本），頁499。

⑮　宗源瀚《湖州府志》卷58，「凌潤初」條（清同治十三年刊本；臺北：成文書局，1970）。

⑯　同上書，卷五九，「凌湛初」條。又見凌迪知《萬姓統譜》。

⑰　王世貞《凌大夫元配包宜人墓志銘》，見《弇州山人續稿》卷106（學生書局影印本），頁4990。

⑱　凌瀛初《批點世說新語》，見《湖錄經籍考》卷5，頁36上。

⑲　同上注。

⑳　葉德鈞《凌濛初事跡繫年》，見《戲曲小說叢考》下（北京：中華書局，1979），頁577。

㉑　鄭龍采《墓志銘》，見《戲曲小說叢考》下（北京：中華書局，1979），頁580。

㉒　清・永瑢等撰《四庫全書總目》（北京：中華書局，1981），卷174，頁1537。

㉓　明・凌瀛初輯《批點世說新語》，凌氏原刊四色套印本，爲明代萬曆刊本，臺灣國家圖書館藏。

㉔　湯顯祖《詩文集》第四十七卷《答凌初成》，見葉慶炳編輯《明代文學批評資料匯編》（下）（臺北：成文出版社，1979），頁589。

㉕　凌濛初《拍案驚奇》凡例，（上海：上海古籍出版社，1982），頁3。

㉖　凌濛初《二刻拍案驚奇》小引，（上海：古典文學出版社，1957），頁1。

㉗　鄭龍采《別駕初成公墓志銘》，見《戲曲小說叢考》下（北京：中華書局，1979），頁589—590。

㉘　趙景深《凌濛初的衫襟記》，見《明清曲談》（上海：古典文學出版

社，1957），頁 115。

㉙　戴望舒《凌濛初的劇本》，見《小說戲曲論集》（北京：作家出版社，1958），頁 93—94。

㉚　明‧祁彪佳《遠山堂劇品》《正本扶余國》，見《中國古典戲曲論著集成》六，（北京：中國戲劇出版社，1980），頁 155。

㉛　傅大興《盛明雜劇考》卷二《虬髯翁正本扶余國》（臺北：世界書局，1965），頁 178。

㉜　明‧祁彪佳《遠山堂劇品》《顛倒姻緣》，見《中國古典戲曲論著集成》六，（北京：中國戲劇出版社，1980），頁 145。

㉝　見上書，見《穴地報仇》，頁 145。

㉞　見上書，見《禰正平》，頁 155。

㉟　見上書，見《劉伯論》，頁 155。

㊱　中國戲曲研究院編《中國古典戲曲論著集成》四（北京：中華書局，1980），頁 252。

㊲　胡士瑩《話本小說概論》（北京：中華書局，1980），頁 462。

㊳　中國戲曲研究院編《中國古典戲曲論著集成》四（北京：中華書局，1980），頁 251。

㊴　《白雲齋選訂樂府》的《吳騷合編》四卷中第二卷裡有凌濛初的《惜別》及《傷逝》兩篇作品。現存臺灣中央研究院史語所傅斯年圖書館。

㊵　荒木猛《凌濛初の家系どその生涯》，見《文化》第 44 卷 1.2 期 (1980)，頁 23。

㊶　凌濛初《陶韋合集》，臺灣國家圖書館藏本。亦見《四庫提要》卷 193，頁 1759。

㊷　《四庫提要》卷 193，《合評選詩》七卷一項。臺灣國家圖書館亦有

藏本，頁 1759。

㊸ 《四庫提要》卷 174，《東坡禪喜集》十四卷一項。見臺灣國家圖書館藏本，頁 1537。

㊹ 凌濛初《東坡禪喜集》，臺灣國家圖書館，天啓元年刊本。

㊺ 見臺灣國家圖書館藏本。

㊻ 「……余不危古學之日湮，乃取子貢傳，從其次而行之，而申公之說，毛公之傳，鄭氏之箋指附見焉，使學者自澄其同異，自析其短長，總之，去古未遠，其於聖門淵源之自，較之千百世以後率臆爲揣者，必有當也，固名之日傳詩嫡冢，不能任爲三百篇之功臣，亦翼以剖數千年之疑案云爾。　吳興後學凌濛初撰並書。」

㊼《四庫提要》提到凌濛初將豐坊的僞作收錄在《聖門傳詩嫡冢》的這件事；在《湖州府志》卷五十九《藝文略》四裡有此記載：

《四庫存目》是書輯《詩序》及《毛傳》《鄭箋》，又以豐坊詩傳冠各篇之首而互考其異同，以《詩序》舊稱出《子夏詩傳》亦稱《子貢》，故以《聖門傳詩嫡冢》爲名，其末附錄一卷則豐坊所作《申培詩說》也。

除此記載之外，也可參考朱彝尊《經義考》（《韻文論述匯編》卷十六），詩經部匯考十六、凌濛初《聖門傳詩嫡冢》十六卷條。

㊽ 《四庫提要》卷 17，《詩逆》四卷，頁 142。

㊾ 同注㉗。

㊿ 《四庫提要》卷 174《東坡禪喜集》條，頁 1537。

(51) 國家圖書館的藏本注明作者爲蘇軾，編者爲明代盛文明，刻者爲凌濛初。書中有錢穳的《蘇長公表啓敘》及凌濛初撰的《蘇長公表啓序》。在錢氏的敘中說：

……故取文忠表啓凡五卷，校其訛舛，付之剞劂，用貽同志者覽焉。

可見此書是由錢積所編，凌濛初所刻。

㊾　鄭振鐸《明清二代的平話集》，見《中國文學研究》（北京：作家出版社，一九五七），頁 408。

㊼　凌濛初《西廂記解證》，爲凌氏刊行朱墨套印本。臺灣中央研究院藏的是由美國國會圖書館所攝製。

㊴　胡士瑩《話本小說概論》（北京：中華書局，一九八〇），注③，頁 462。

㊵　同注㊴。

㊶　同注㊴。

㊷　胡士瑩《話本小說概論》（北京：中華書局，一九八〇），注③，頁 462。

㊸　宗源瀚《湖州府志》卷 59，「藝文略四」。

第二章
《兩拍》的淵源及其社會基礎

第一節　宋元話本的影響

　　小說在明代開拓了新的境界，也擴展了中國小說趣味的疆域，成為文學史上重要的里程碑。

　　凌濛初的《兩拍》共八十篇，其中一篇重覆，又有雜劇一篇，所有實有擬話本七十八篇。這部短篇小說總集是根據前代和明代傳聞軼事敷寫而成。

　　就形式而言，《兩拍》可說是完全模擬宋代話本，而並非獨立自成一體，明確地顯示出中國小說傳統的特徵，保留了話本小說的特點。較凌濛初早的作家兼出版家，馮夢龍所刻的《三言》正足以充分表現明代短篇小說誦講者腳本的豐富與內容的廣泛。

　　我們都知道，初期的白話小說，原是說話人演唱的腳本，所以其創作是以招徠聽眾為目的。這種結構的特色和創作的目的，都影響了後代白話小說的寫作。《兩拍》的形式，最能說明這一特點。

　　宋人所作的話本，給了我們一個清晰的概念，知道一篇小說由一位職業性的說話人開講時，有些什麼規矩和修辭的特色。

　　宋元話本的產生，是基於說話人謀生的手段。說話人為了吸引人們趨前聽講故事，所以經常在故事未開始之前，先講一個小故事來引起聽眾的興趣。這類在白話短篇小說正文開始前所冠的

小故事，稱爲「入話」。

衆所周知，「入話」又稱「笑耍頭回」或「得勝頭回」。它是指正式故事開始以前嬉謔味的，科渾性的短篇小故事之類。這類入話的形式，也逐漸影響到小說的創作，爲後來小說家所模仿。在明代的「擬話本」中，入話也經常出現在小說中。

宋元說話人演說長篇故事或講史時，由於時間有限，每一場只講一段。每一天總在講到一個懸宕精彩的地方打住，好教聽衆第二天再來聽下面的故事。這樣一來，每個故事都得講上好多場。每一回故事的長短大致相同，篇幅整齊勻稱。這種由宋元說話藝人因實際需要而形成的藝術體裁，也就成爲以後創作小說的文人所承襲。在明代的長篇小說創作中，作者都在懸宕或精彩的地方暫停，以分成章回，除了最後一回，每一回都以類似「欲知後事如何，請聽下回分解」之類的公式作結。至於短篇小說，作者在故事結束後，則採用詩詞來作爲結語及全篇說話的收場。

這種結構，正說明了話本對早期小說結構和形式的顯著影響。

宋代人說話時所用的語言，已經裝載了不少從詩詞、賦及駢文等名作中採擷來的常用句子，所以運用現成的文言成語，實遠較自己鑄造一種能精確描繪實際風景或著面貌的白話散文要容易得多。因此宋代話本雖以白話散文敘述爲主，但說話人信手拈來，雜引各種體式的詩、詞和駢文等，仍占了不少的篇幅。

元雜劇的對白固然大都用白話記錄下來，它唱的部分，儘管加入了大量的口語辭匯，卻仍保留強烈的文言特色。有許多改編的辭句，借自唐宋的詩詞。在賓白的部分也有不少套用文言的語句，特別是描寫氣候或風景時，從未設計出一套擺脫一切典故的

普通話。只有在敘述下層社會的匹夫匹婦的話時，作者才刻意用生動流暢的口語。宋元文學在語言上的這種特點，在明代文學作品中，仍是有跡可尋。

由於明代小說繼承了說話人和史官的傳統，它所用的語言在口語運用的範圍有所擴大，但是它仍是籠括了各式各樣的文體和辭藻的白話。由於元明兩代俗文學盛行，古文不足以表現這些來自低層社會而較爲複雜的語言，所以增加白話文的運用。五四時期的一般人都認爲中國文學以元雜劇和明代小說即進入白話階段。但實際上，元劇和明小說所表現的文學語言，是由文學蛻變到白話，一種過渡時期的語言。兩者雖都應用通俗語言，然而，其中的文言成語仍是小說中一個重要的成分。

在《兩拍》中，作者在描寫氣候、風景、渲染氣氛時，文言成語的運用頻繁。由於所寫的人物多來自中下層，所以口語的應用也大量的增加了。例如作品中描寫女子的美貌時，直截了當地用文言辭句，在描寫風景時，也套用了詩詞句；例如：

……朝奉接著奉茶，寒溫已罷，便喚出女兒朝霞到廳。你道生得如何？但見：

眉如春柳，眼似秋波。幾片天桃臉上來，兩枝新筍裙開露。即非傾國傾城色，自是超群出眾人。（《初刻》卷十）

又如：

……行了數日，忽然間天變起來。但見：

烏雲蔽日，黑浪掀天。蛇龍戲舞起長空，魚鱉驚惶潛水底。艨艟泛泛，只如揬不定的數點寒鴉；島嶼浮浮，便似沒不煞的幾雙水鴨。舟中是方揚的米簸，舷外是正熱的飯鐺。總因風伯太無情，以致篙師多失色。（《初刻》卷一）

　　在小說中，不論寫人或狀物，總有用典的古文語匯穿插其中的現象，可以看出明代小說仍未完全擺脫宋元文學的框框。

　　明代小說家常把詩、詞文字運用於描寫人物或景色，只有在敘述時常用當時的口語。在這一點上，凌濛初也不例外。在《兩拍》裡，除了用對話以外，故事都按照事情發生的先後次序平鋪直敘。敘述時，所用的是口語化及帶有鄉土色彩的吳語語匯。

　　在內容方面，《兩拍》已超越了宋代話本粗略梗概的故事內容，引導讀者進入變化起伏的情節，扣人心弦的戲劇化發展，多姿多彩的生命動態中，達到了「奇中有常，幻中有真」的境地。

　　在《兩拍》這部短篇小說集子中，有不少故事是取材於古代，但是作者卻注入了不少對現實生活的感受。他把小說創作從殊方異聞的記述轉向現實生活的描寫，反映了閭里小民的思想和感情，秉承了通俗文學發揮社會影響力及作家克盡教育民眾的責任。這種精神，和宋元文學的作者是一致的。

　　此外，《兩拍》許多故事中的人物，作者都說出他們是何時何地人。他們必是民間傳說中或歷史裡的人物，雖然在輾轉相傳的過程中，人物故事有所改變，但是經此附會，便很容易博取聽眾讀者的相信。甚至荒唐不稽的故事，附上一些史實，就可能被教育程度低下的讀者當作事實而不被當成小說閱讀，例如《初刻》卷三十一中寫有關唐賽娥的事跡，故事雖荒誕不經，卻不忘和歷史扯上關係，以增加其說服力。

　　這和宋元說話人將小說視為事實的傳統及寫作小說時將此視為金科玉律的觀念有很大的關係。說話人重視傳統史籍的徵引來提高小說的價值。在明清時期，作者與讀者對小說裡的事實成分比對小說本身更感興趣。簡略的故事，只要是裡面的事實吸引

人,讀者也十分願意去接受它。這就促使文人不斷編寫奇事軼聞,並將它與歷史扯在一起,以強高其可靠性及真實性。

因此,在小說藝術尚未成熟之前,說話人依賴著各代歷史提供取用不竭的人物和故事。他們不斷地依賴著歷史傳說故事的泉源,即使在平淡無奇的敘述中,也盡量使人物和故事的真實性浮現出來,卻從不想另闢蹊徑,發揮自我的創造性。到了小說藝術趨於成熟的明代,這種想法仍未改變。

《兩拍》的作者,很多時候都只將幾個角色安排在一起,有的僅知身分,有的僅有名字,然後將故事推向高潮。在他的故事結構中,遵守著說話人的敘述方式。為了刻意維持說話人堆砌故事的傳統,作者附帶敘述了許多次要的小故事,穿插了詩詞曲賦。

白話短篇小說,直接來自說話傳統。小說的創作仍以它對人類的生活情況是否言之有趣,或是否具有教育意義為先以條件。《兩拍》序文中,凌濛初也清楚的表現了這種觀念。小說中仍樸實地重述著前人的故事,在敘述的過程中聚積起的道德分量,足以彌補缺乏詳細描寫的這一缺點。小說恪守說話人因果報應的觀念,獎賞好人,懲罰壞人,若不在他們的今生,必定會在來世。作者立足於嚴格的道德,來表現現實生活的複雜感。

這說明了小說家既不能逃離現實,又不能完全摒棄傳統。他受著複雜現實的包圍,又不免受到文化傳統、道德及宗教的限制。明代小說從傳統裡吸取不同的養料,選擇不同的因素來構成自己的世界觀,對現實的描寫,都一一投影在小說世界中,形成小說思想的基礎和態度。

第二節 《兩拍》本事探源及其現存刊本

譚正璧說：「《拍案驚奇》與《三言》有一大不同之點，就是馮夢龍專門輯刊舊作，而《拍案驚奇》幾乎都是編者凌濛初的創作，所以有人稱之爲『擬話本』。但他是中國第一部個人的白話短篇小說創作集，是文學史上空前的收穫。」①

他斷定《兩拍》爲凌氏自撰之作，這種說法影響頗深。到底這部作品的各篇故事是凌氏取諸載籍傳說，抑是凌氏機抒獨運呢？對於評析《兩拍》的思想性和藝術性來說，這是一個值得重視的問題。

遍覽作品故事來源的資料，揭開各回目的故事來源之謎後，才能透視其隱蔽的涵蘊，發掘作者所要表現的思想和旨趣，一觀作者剪裁點染的功力。作品的優劣瑕瑜，也自豁然顯現。

在本節中，筆者將前人研究所得的資料，綜合及整理，並將之編排成表，以便查閱，同時也附錄《拍案驚奇》現存的刊本資料。

一、本事探源

《初刻拍案驚奇》本事源流考

名　目		本　事　源　流
卷一〈轉運漢遇巧洞庭紅波斯胡指破鼉龍殼〉	入話	：(1)《金陵瑣事》卷三〈銀走〉。 (2)《夷堅志》〈金老失銀〉。
	正話	：(1)周玄暐《涇林續記》。 (2)《酉陽雜俎續集》卷五〈塔寺記〉。

卷二	入話	:(1)《四朝聞見錄》乙集〈柔福帝姬〉。
〈姚滴珠避羞惹羞		(2)《鶴林玉露》卷之十一。
鄭月娥將錯就錯〉		(3)《三朝北盟會編》《炎興》下帙三十四。
		(4)《三朝北盟會編》《炎興》下帙四十。
		(5)《宋史》二百四十八〈列傳〉卷第七〈公主〉〈徽宗三十四女〉。
		(6)《西湖遊覽志余》卷六〈版蕩淒涼〉。
		(7)《隨園隨筆》卷十九〈柔福帝姬之疑〉。
	正話	:故事來源待考。
卷三	入話	:(1)《獨醒雜志》卷九。入話之一,故事為蜈蚣克蛇。
〈劉東山夸技順城門		(2)《博物志》第三〈異獸〉,故事有關小物制虎。
十八兄蹤奇村酒肆〉		(3)《海內十洲記》。
		(4)《太平廣記》卷四〈月支使者〉,出〈仙傳拾遺〉。
		(5)《少室山房筆叢》卷三十五〈二酉綴遺〉(上)。
		(6)《古今閨媛逸事》卷二〈畫石謳姑惡〉。
	正話	:(1)《九籥別集》卷二〈劉東山〉。
		(2)《虞初新志》卷五〈秦淮健兒傳〉。
		(3)《池北偶談》卷二十二〈談異〉〈宋孝廉數學〉。
卷四	入話	:(1)《太平廣記》卷一百九十五〈紅線〉。
〈程元玉店肆代償錢		(2)《太平廣記》卷一百九十四〈聶隱娘〉。
十一娘雲崗縱譚俠〉		(3)《女紅餘志》卷上〈香丸婦人〉。
		(4)《太平廣記》卷一百九十四〈崔慎思〉。
		(5)《女紅餘志》卷上〈俠嫗〉。

		(6)《太平廣記》卷一百九十六〈賈人妻〉。
		(7)《夷堅志補》卷十四〈解洵娶婦〉。
		(8)《太平廣記》卷一百九十六〈潘將軍〉。
		(9)《宋人軼事彙編》卷一〈曹后〉。
		(10)《太平廣記》卷一百九十三〈車中女子〉。
	正話	：(1)胡汝嘉〈韋十一娘傳〉見顧起元《客座贅語》。
卷五 〈感神媒張德容遇虎 湊吉日裴越客乘龍〉	入話	：(1)《續幽怪錄》卷二〈鄭虢州騊夫人〉。 (2)《情史》卷二〈鄭任〉。 (3)又《太平廣記》卷一百五十九〈盧生〉條。
	正話	：(1)〈集異記〉見《太平廣記》卷四百二十八〈裴越客〉。 (2)明·顧景星〈虎媒記〉一本（見《曲考》），題材與此相同。
卷六 〈酒下酒趙尼媼迷花 機中機賈秀才報怨〉	入話	：(1)《說郛》卷十一〈清尊錄〉，作者為廉布。 (2)《情史》卷三〈狄氏〉條，文字亦相同。 (3)《豔異編》卷二十五〈狄氏條〉。
	正話	：故事來源不詳。
卷七 〈唐明皇好道集奇人 武惠妃崇禪斗異法〉	入話	：(1)《明皇雜錄》卷下。 (2)出〈抒情詩〉見《太平廣記》卷一百六十三〈李遐周〉。
	正話	：(1)《宣室志》卷之八。 (2)《明皇雜錄》卷下。 (3)《獨異志》卷下。 (4)《次柳氏舊聞》。

		(5)《開天傳信記》。
		(6)《酉陽雜俎》卷二。
		(7)《錄異記》卷第一〈仙〉。
		(8)出《神仙感遇傳》及《仙傳拾遺》、《逸史》等書，見《太平廣記》卷二十二〈羅公遠〉。
		(9)出《集異記》及《仙傳拾遺》，見《太平廣記》卷二十六〈葉法善〉。
		(10)出《河東記》，見《太平廣記》卷七十二〈葉靜能〉。
		(11)出《廣德神異錄》，見《太平廣記》卷七十七〈葉法善〉。
		(12)《太平廣記》卷二百八十五〈葉法善〉。
		(13)《雲笈七籤》卷之一百一十三上〈傳〉〈羅公遠〉。
		(14)《雲笈七籤》卷之一百一十三上〈傳〉〈羅公遠〉。
		(15)《歲時廣記》卷十二〈上元〉下〈游廣陵〉。
		(16)《堅瓠廣集》卷之五〈游月宮〉。
		(17)《續神仙傳》，見《太平廣記》卷三十〈張果老〉條。
卷八 〈烏將軍一飯必酬陳大郎三人重會〉	入話	：《耳談類增》卷十〈黃金箔〉條。
	正話	：(1)《獪園》第十六〈瓌聞〉上〈毛面人〉。
		(2)《堅瓠己集》卷一〈長髯客〉。
		(3)《曲海總目提要》卷四十四〈玉蜻蜓〉。
		(4)《情史》卷十八〈邵御史〉條內容與此同，但字句稍有殊異。

		(5)《菽園雜記》卷八。
		(6)明·陸粲《說聽》的〈南濠金德宣條〉與正話相似。
卷九 〈宣徽院仕女秋千會 清安寺夫婦笑啼緣〉	入話	：(1)《太平廣記》卷三百八十六〈劉氏子妻〉，出《原化記》。 (2)《續夷堅志》卷二〈天賜夫人〉。 (3)《續豔異編》卷十五和《情史》卷五〈劉氏子妻〉條，又見《稗史匯編》卷四十二〈劉氏娶妻〉。
	正話	：(1)《剪燈餘話》卷四〈秋千會記〉。 (2)《詞苑叢談》卷八。 (3)《曲海總目提要》卷二十二〈玉樓春〉。 (4)《續豔異編》卷五〈秋千會記〉和《情史》卷十〈速哥失里〉。
卷十 〈韓秀才乘亂聘嬌妻 吳太守憐才主姻簿〉	入話	：(1)《春秋經傳集解》昭元第二十。
	正話	：(1)《輟耕錄》卷九〈謠言〉。 (2)《古今譚概》卷五〈訛言〉。 (3)《三岡識略》卷三〈訛傳點選〉。
卷十一 〈惡船家計賺假尸銀 狠僕人誤投真命狀〉	入話	：(1)《智囊補》卷二十七〈雜智部〉〈鄒老人〉。 (2)又見《稗史匯編》卷二百七十〈鄒老人〉條。
	正話	：(1)《夷堅志補》卷五〈湖州姜客〉。 (2)《稗史匯編》卷三十七〈湖州姜客〉條與上同。 (3)《曲海總目提要》卷四十《賺青衫》。
卷十二 〈陶家翁大雨留賓	入話	：(1)《說郛》卷第十一宋廉布《清尊錄》〈王生〉條。

蔣震卿片言得婦〉		(2)《豔異編》卷二十五〈王生〉條。
		(3)《情史》卷三〈王生〉條。
	正話	：(1)《九朝野記》卷四。
		(2)〈前聞記〉〈戲語得婦〉條，出於同一作者，故字句僅小有殊異。
		(3)作者自云出於明·祝枝山《西樵野記》。根據胡士瑩《話本小說概論》《西樵野記》乃《九朝野記》之誤。
卷十三〈趙六老舐犢表殘生張知縣誅梟成鐵案〉	入話	：(1)《智囊補》卷二十七〈雜智部〉〈嚙耳訟師〉。
	正話	：(1)《智囊補》卷七〈明智部〉〈張晉〉。《稗史匯編》卷二十八〈張晉判不孝條〉。
卷十四〈酒謀財于郊肆惡鬼對案楊化借尸〉	入話	：(1)第一則本事不詳。
		(2)《稗史匯編》卷一百七十〈負心報〉條及《耳談類增》卷四十八〈丁戍〉條。
	正話	：(1)沈瓚《近事叢殘》卷一〈冤鬼報官〉條，乃萬曆丙申間事。
		(2)《濟南記政》《楊化記》。
		(3)《古今圖書集成》《博物匯編》《神異典》第四十六卷〈雜鬼神部記事〉六。
		(4)《耳談類增》卷四十八。
卷十五〈衛朝奉狠心盤貴產陳秀才巧計賺原房〉	入話	：(1)《古今譚概》卷二十二〈儇弄部〉〈石轂子〉。
	正話	：(1)《智囊補》卷二十七〈雜智部〉〈文科〉。
卷十六〈張溜兒熟布迷魂局	入話	：(1)《智囊補》卷二十七〈雜智部〉〈老嫗騙局〉條。

陸蕙娘立決到頭緣〉		(2)《耳談類增》卷五十二〈新塘鎮道〉條。
		(3)《稗史匯編》卷三十七〈老嫗騙局〉條。
	正話	：(1)沈璟《博笑記》，見〈遠山堂明劇品〉。
		(2)《讀曲隨筆》《沈璟》。
卷十七 〈西山觀設籙度亡雲 開封府備棺追活命〉	入話	：(1)《夷堅支戊》卷五〈任道元〉。
	正話	：(1)《朝野僉載》卷之五。
		(2)《大唐新語》卷四，見《太平廣記》卷一 百七十一〈李杰〉接引，《國史纂異》及 《折獄龜鑑》卷五，都是記載此事，字句 也相同。
		(3)《隋唐嘉話》下。
		(4)《綠窗新話》卷上〈王尹判道士犯奸〉 條。
		(5)《稗史匯編》卷二十七〈李杰〉條。
卷十八 〈丹客半黍九還 富翁千金一笑〉	入話	：(1)《堅瓠癸集》卷之一〈丹成兩剖〉。
		(2)《說圃識敘》，見《唐伯虎全集》附〈遺 事〉。
		(3)《稗史匯編》卷五十一〈丹客〉條。
	正話	：(1)《古今譚概》卷二十一〈丹客〉條。此 外，《智囊補》卷二十七〈雜智部〉〈丹 客〉條，《遣愁集》卷八〈憨頑〉，「杭 州有富翁」條，內容均與此同。
		(2)明·王象晉《剪桐載筆》〈丹客記〉條。
		(3)《稗史匯編》卷三十七〈丹客條〉。
卷十九 〈李公佐巧解夢中言 謝小娥智擒船上盜〉	正話	：(1)《太平廣記》卷四百九十一李公佐〈謝小 娥傳〉。
		(2)出《續幽怪錄》，見《太平廣記》卷一百 二十八〈尼姑寂〉。

		(3)《新唐書》卷二百五〈列女傳〉第一百三十。
		(4)《類說》卷之十一《幽怪錄》〈申蘭申春〉。
		(5)《類說》卷之二十八《異聞集》〈謝小娥傳〉。
		(6)《棗林雜俎》和集〈幽冥〉。
		(7)《眞珠船》卷之五〈謝小娥〉。
		(8)《彈詞小說評考》〈雜劇三題〉。
卷二十 〈李克讓竟達空函 劉元普雙生貴子〉	入話	：(1)《西園雜記》卷下王晉溪事相似，待考。
		(2)《夷堅丙志》卷第一《神乞廉》。
	正話	：(1)《太平廣記》卷一百十七〈劉弘敬〉出〈陰德傳〉。
		(2)〈尺素書〉即演此事，問《曲海總目提要》卷四十三。
		(3)元明間《施仁義劉弘嫁婢》雜劇的情節也和本篇大致相符。
卷二十一 〈袁尚寶相術動名卿 鄭舍人陰功叨世爵〉	入話	：(1)《夷堅甲志》卷第十二〈林積陰德〉，《清平山堂話本》亦收此篇。
	正話	：(1)《雙槐歲鈔》卷第三〈柳莊相術〉。
		(2)《七修類稿》卷三十六詩文類〈袁柳庄〉。
		(3)《鄭瑞簡公今言類編》卷六。
		(4)明·陸粲《庚已編》卷第三〈還金童子〉。
		(5)《堅瓠廣集》卷之五〈巧還原金〉。
		(6)祁氏《曲品》有王光壽〈空緘記〉。
卷二十二	入話	：(1)《唐書》卷一百八十四〈列傳〉第一百三

〈錢多處白丁橫帶運退時刺史當艄〉		十四〈田令孜〉。
		(2)出《南楚新聞》見《太平廣記》卷四百九十九〈李德權〉條。
	正話	：(1)出《南楚新聞》見《太平廣記》卷四百九十九〈郭使君〉。
卷二十三〈大姊魂游完宿願小妹病起續前緣〉	入話	：(1)出《續定命錄》，《太平廣記》卷一百六十〈李行脩〉。
		(2)《情史》卷十〈李行脩〉條亦注明出《續定命錄》，文字亦全同。
	正話	：(1)《剪燈新話》卷一，出元・柳貫《金鳳釵記》之作。
		(2)《情史》卷九〈情幻類〉的〈吳興娘〉條與《金鳳釵記》文字完全相同，且多了最後一大段。
		(3)出《離魂記》《太平廣記》卷三百五十八〈王宙〉。
		(4)《曲海總目提要》卷四〈碧桃花〉。
		(5)《曲海總目提要》卷二十一〈一種情〉。
		(6)《豔異編》卷三十九〈金鳳釵〉條。
卷二十四〈鹽官邑老魔魅色會骸山大士誅邪〉	入話	：來源待考。
	正話	：《續豔異織》卷十二〈大士誅邪記〉。
卷二十五〈趙司戶千里遺音蘇小娟一詩證果〉	入話	：(1)《青瑣高議》〈前集〉卷之二〈書仙傳——曹文姬本是書仙〉。
		(2)《古今閨媛逸事》卷七〈書仙〉條亦載此事，字句稍有刪節。
		(3)《情史》卷十九〈書仙〉條字句與(1)同，但刪節「書仙裡」以下數語。

		⑷《綠窗新話》卷一〈任生娶天上書仙〉條，又見《續豔異編》卷五〈書仙傳〉條。
	正話	：⑴《武林紀事》見《青泥蓮花記》卷八〈蘇小娟〉。
		⑵《宋稗類鈔》卷四〈閒情〉。《情史》卷二〈趙判院〉條，文字與此相同，但「院判」皆作「判院」。
		⑶《詞苑叢談》卷十二。
		⑷《豔異編》卷三十妓女部〈蘇小娟〉。
		⑸《西湖游覽志餘》卷十六〈香奩豔語〉。第⑷、⑸與第⑴所引，完全相同。
		⑹《古今圖書集成‧閨媛典》第三百三十五卷〈閨藻部〉〈列傳〉三〈蘇小娟〉引玉渙〈蘇小娟〉傳，較⑴僅略少數字。
		⑺《情史》卷二〈趙判院〉條。
卷二十六〈奪風情村婦捐軀假天語幕僚斷獄〉	入話	：⑴《智囊補》卷十六〈捷智部倉卒治盜〉。
		⑵《耳談類增》卷五十四〈臨安僧〉條。
		⑶《稗史匯編》卷三十三〈倉卒治盜〉條。
	正話	：⑴《耳談類增》卷六〈林公大合決獄〉條。
		⑵《稗史匯編》卷八十九〈林公決獄〉條。
卷二十七〈顧阿秀喜舍檀那物崔俊臣巧會芙蓉屏〉	入話	：⑴《夷堅丁志》卷第十一〈王從事妻〉。
		⑵《情史》卷二〈王從事妻〉條，「卒歸之」以後字句無，前皆同。
	正話	：⑴《剪燈餘話》卷四〈芙蓉屏記〉。
		⑵《情史》卷二〈崔英〉條即錄此文，而刪去〈畫芙蓉屏歌〉全詩，字句略有刪改。
		⑶《詞苑叢談》卷十二〈外編〉。

		(4)《曲海總目提要》卷三十一〈芙蓉屏〉。
卷二十八 〈金光洞主談舊跡 玉虛尊前悟前身〉	入話	：(1)《太平廣記》卷四十八〈白樂天院〉。 (2)《古今詩話》。見《增修詩話總龜》之四十五。 (3)《稗史匯編》卷五十九〈白樂天院〉條。
	正話	：(1)《續幽怪錄》卷第一〈薛中丞存誠〉。 (2)《孫公談圃》卷中與此話本只有部份相似。 (3)《鶴林玉露》地集卷之四〈馮三元〉。 (4)《新編醉翁談錄》卷六〈禪林叢錄〉〈馮相坐禪〉。
卷二十九 〈通閨闥堅心燈火 鬧囹圄捷報旗鈴〉	入話	：(1)出〈玉泉子〉，《太平廣記》卷一百八十二〈趙琮〉。
	正話	：(1)《情史》卷三〈張幼謙〉條。 (2)《曲海總目提要》卷十八〈石榴花〉。 （又名〈巧聯緣〉）。作者為明·王元壽。 (3)王元壽又有《景園記》，亦敘張羅事，或與《石榴花》一書。
卷三十 〈王大行威行部下 李參軍冤報生前〉	入話㈠	：(1)出《逸史》，《太平廣記》卷一百二十五〈盧叔倫女〉。 (2)《夷堅志補》卷第六〈王蘭玉童〉。
	入話㈡	：(1)《夷堅支戊》卷第四〈吳雲郎〉。
	正話	：(1)《宣室志》卷之三。《太平廣記》卷一百二十五〈李生〉條即引《宣室志》此文，惟字句微有不同。
卷三十一 〈何道士因術成奸	入話	：(1)出《三水小牘》，《太平廣記》卷二百八十七〈侯元〉。

周經歷因奸破賊〉	正話	：(1)《萬曆野獲編》卷二十九〈妖婦人〉。 (2)《九朝野記》卷二〈唐賽兒〉條。 (3)《通俗編》卷三十七〈唐賽兒〉。 (4)《霞外捃屑》卷九〈女仙外史〉。 (5)《小說小話》〈女仙外史〉。
卷三十二 〈喬兌換胡子宣滛 顯報施臥師入定〉	入話	：(1)《睽車志》卷第一。 (2)《宋稗類鈔》卷七〈報應〉類錄此條，字句全同(1)。 (3)《夷堅丁志》卷第十八〈劉堯舉〉。 (4)《情史》卷三〈劉堯舉〉。
	正話	：(1)《覓燈因話》卷之二〈臥法師入定錄〉。
卷三十三 〈張員外義撫螟蛉子 包龍圖智賺合同文〉	入話	：(1)〈自警編獄訟〉。按《余多序錄內篇》亦有此條，字句幾乎全同，但云出自《談苑》。 (2)《儒林公議》卷上。 (3)《國老談苑》卷第二。 (4)《智囊補》卷九〈察智部奉使者〉。 (5)《龍圖公案》卷八〈味遺囑〉。 (6)《宋名臣言行錄》卷三〈張詠〉條與此卷入話題材相同。
	正話	：(1)《曲海總目提要》卷四〈合同文字〉。
卷三十四 〈聞人生野戰翠浮庵 靜觀尼盡錦黃沙衖〉	入話	：(1)《堅瓠癸集》卷之三〈黃司理判〉。 (2)《稗史匯編》二十三〈刑斬妖尼〉條。
	正話	：本事待考。
卷三十五 〈訴窮漢暫掌別人錢 看財奴刁買冤家主〉	入話	：(1)《睽車志》卷五。 (2)《曲海總目提要》卷四〈張善友〉。此劇又名為〈崔府君斷冤家債主〉。
	正話	：(1)《搜神記》卷十〈張車子〉事。

		(2)《曲海總目提要》卷一〈看錢奴〉，爲元·鄭廷玉所作。
		(3)《元曲選》鄭廷玉〈看錢奴買冤家債主〉。
卷三十六 〈東廊僧怠招魔 黑衣盜奸生殺〉	入話	：(1)出《逸史》，《太平廣記》卷三百五十七〈東洛張生〉。
	正話	：(1)出《集異記》，《太平廣記》卷三百六十五〈官山僧〉。
		(2)《涑水記聞》卷七。此文亦見宋·趙善璙〈自警編〉〈獄訟〉條，《爲政善報事類》、《折獄龜鑑》、《智囊補》等書，內容盡同，僅字句有變易。
		(3)《龍圖公案》卷三〈殺假僧〉。
		(4)《閒居續鈔》。《小說考證續編》卷一〈醒世魔〉。
		(5)《宋名臣言行錄》卷三〈何敏中〉條。（署朱熹輯，明末張朶刊本）
卷三十七 〈屈突仲任酷殺衆生 鄆州司馬冥全內侄〉	入話	：(1)《夷堅志支戊》卷四〈黃池牛〉條。
	正話	：(1)出《紀聞》，見《太平廣記》卷一百〈屈突仲任〉。
卷三十八 〈占家財狠婿妒侄 延親脈孝女藏兒〉	入話	：(1)《輟耕錄》卷第二十二〈算命得子〉。
	正話	：(1)《曲海總目提要》卷二〈老生兒〉。
卷三十九 〈喬勢天師禳旱魃 秉誠縣令召甘霖〉	入話(一)	：本事待考。
	入話(二)	：《稗史匯編》卷八十九《金山廟巫》條。
	正話	：(1)出《劇談錄》，見《太平廣記》卷三百九十六〈狄惟謙〉條。
		(2)《唐語林》卷一〈政事〉上亦有此條，內

名　目		本　事　源　流
		容盡同，字句略刪，末多「後歷絳、隰兩 州刺史，所治皆有名稱。」二句。
卷四十 〈華陰道獨逢異客 江陵郡三拆仙書〉	入話	：入話有七。第六條見《稗史匯編》卷一百六 十六〈管九皋〉等。
	正話	：(1)出《逸史》。《太平廣記》卷一百五十七 〈李君〉。
		(2)出《會昌解頤錄》，見《太平廣記》卷三 百四十八〈牛生〉。
		(3)《堅瓠餘集》卷之三〈牛生奇遇〉條，不 著出處，似同出一書，而字句略有刪節。

《二刻拍案驚奇》本事源流考

名　目		本　事　源　流
卷一 〈進香客莽香金剛經 出獄僧巧完法會分〉	入話	：(1)出《吹劍錄外集》，見《郎瑛七脩類稿》 卷四十九〈王沂公生〉條。
	正話	：(1)《古今圖書集成・博物匯編》《神異典》 第一百六卷〈佛經部紀事〉四，引《金剛 持念》。
卷二 〈小道人一著饒天下 女棋童兩局注終身〉	入話	：(1)《青泥蓮花記》卷七〈記從〉一〈謝天 香〉。
		(2)《小滄浪筆談》卷三。
	正話	：(1)《夷堅志補》卷第十九〈蔡州小道人〉。
卷三 〈權學士權認遠鄉姑 白孺人白嫁親生女〉	入話	：(1)《晉書》三十六〈列傳〉第六〈張華〉。
		(2)《稗史匯編》〈豐城劍氣〉條。
	正話	：(1)《曲海總目提要》卷十五〈撮盒圓〉。
		(2)《中國近世戲曲史》第九章第二節〈葉憲 祖〉的〈丹桂鈿盒〉。
		(3)《明代傳奇全目》卷四〈崑曲繁盛時期傳

		奇家作品〉下〈王元壽〉〈金鈿盒〉。
卷四 〈青樓市探人踪 紅花場假鬼鬧〉	入話	：(1)敘述宋時三衢守宋彥瞻以書答狀元留夢炎 事。作者自云出《齊東野語》，今本《齊 東野語》無此故事，待考。
	正話	：本事來源尙未發現。
卷五 〈襄敏公元宵失子 十三郎五歲朝天〉	來源	：(1)《程史》卷一〈南陔脫帽〉。 (2)《夷堅志補》卷八〈眞珠族姬〉。此文亦 見《汴克勾異記》卷七引，字句全同。 (3)《情史》卷二〈王從事妻附〉。（今本 《夷堅志》原文，無「誘爲子婦」句，此 當出善本。） (4)《曲海總目提要》卷三十五〈紫金魚〉， 爲明代人所作，唯作者不詳，因此難以確 定是《兩拍》以前或以後的作品。
卷六 《李將軍錯認舅 劉氏女詭從夫》	入話	：(1)《夷堅丙志》卷第十四〈王八郎〉。
	正話	：(1)《剪燈新話》卷三〈翠翠傳〉。 (2)《情史》卷十四〈劉翠翠〉條即引上文。 （按：唯刪去自「洪武初」，起至最末全 段文字。） (3)《古今閨媛逸事》卷四〈死則同穴〉條同 (1)所引。 (4)《宮閨聯名譜》卷十八〈翠翠條〉則引 《續豔異編》，文字較(1)文略二之一，內 容全同。 (5)《明代雜劇全目》卷二〈後期雜劇家作 品〉〈葉憲祖〉〈金翠寒衣記〉。
卷七 〈呂使君情媾宦家妻	入話	：(1)《歸潛志》卷第八，敘宋魏王孫女流落金 國事。

吳太守義配儒門女〉		(2)《竊憤錄》卷下第八。
		(3)《賈愁集》集之二〈恨書燕京酒肆〉。
		(4)《宋人軼事匯編》卷三〈公主〉篇引上文，且注明「出《賈愁集》」。
		(5)《堅瓠戊集》卷三〈燕京酒肆〉條文字亦與〈恨書燕京酒肆〉相同。
	正話	：(1)《夷堅支戊》卷九〈董漢州孫女〉。
		(2)《青泥蓮花記》卷八〈薛倩〉條及《古今圖書集成》《明倫匯編》《閨媛典》卷三百六十三〈閨根部〉〈列傳〉三〈董元廣女〉條引〈董漢州女傳〉亦與上文相同。不過這兩篇文章首句作「董賓卿字仲臣」，主要是根據別本《夷堅志》。
卷八〈沈將士三千買笑錢王朝議一夜迷魂陣〉	入話	：(1)《夷堅支丁》卷第七〈丁湜科名〉。
	正話	：(1)《夷堅志補》卷第八〈王朝議〉。
		(2)《汴京勾異記》卷七，字句與上文同。
卷九〈莽兒郎驚散新鶯燕偌梅香認合玉蟾蜍〉	入話	：(1)《太平廣記》卷四百八十六〈無雙傳〉，由薛調撰。
	正話	：(1)《中國近世戲曲史》第九章第二節〈葉憲祖〉〈葉梅玉蟾〉。
卷十〈趙五虎合計挑家釁莫大郎立地散神奸〉	入話	：(1)《夷堅志補》卷第六〈葉司法妻〉。
		(2)《虎薈》。（按：《古今情海》卷二十三〈獅化為虎〉即引此條）。
	正話	：(1)《宋史》，《宋豔》卷四〈詭譎〉。
		(2)《齊東野語》卷二十〈莫氏別室子〉。
		(3)《宋稗類鈔》卷三〈材干〉亦有此條，字句小異，末又增設數語。
卷十一	入話	：(1)《夷堅甲志》卷第二〈陸氏負約〉。

〈滿少卿飢附飽颺 焦文姬生仇死報〉		(2)《古今情海》卷二十一〈故夫投書〉。 (3)《古今閨媛逸事》卷六〈陸氏女〉條亦引 前書。
	正話	：(1)《夷堅志補》卷第十一〈滿少卿〉。 (2)《情史》卷十六亦同上文，唯無末三句。
卷十二 〈硬勘案大儒爭閒氣 甘受刑俠女著芳名〉	入話	：(1)《稗史彙編》卷三十七〈晦翁斷墓〉條。
	正話	：(1)《朱文公文集》卷第十八〈按唐仲友第三 狀〉第二十一款。 (2)《朱文公文集》卷第十九〈按唐仲友第四 狀〉第四歌。 (3)《朱子年譜》卷之三上〈奏劾前知台州唐 仲友不法〉。 (4)《夷堅支庚》卷第十〈嚴蕊〉。 (5)《齊東野語》卷十七〈朱唐交奏本末〉。 (6)《青泥蓮花記》卷三〈台妓嚴蕊〉亦引上 條，字句全同。 (7)《宋稗類鈔》卷四〈閒情〉亦同第(5)條， 不過自開始到「是不然也」數語，作雙行 附注於末。 (8)《齊東野語》卷二十〈台妓嚴蕊〉。 (9)《說郛》卷第五十七〈雪舟脞語〉。 (10)《林下偶談》卷之三〈晦翁按唐與正〉。 (11)《四朝聞見錄》乙集〈洛學〉。 (12)《陳亮年譜》淳熙九年壬寅。
卷十三 〈鹿胎庵客人作寺主 剡溪裡舊鬼借新尸〉	入話	：(1)《晉書》四十九〈列傳〉第十九〈阮籍 附〉。
	正話	：(1)《夷堅志補》卷第十六〈嵊縣山庵〉。 (2)《夷堅支丁》卷第六〈證果寺習業〉。

卷十四	入話	：(1)《夷堅志補》卷第八〈臨安武裝〉。
〈趙縣君喬送黃柑 吳宣教乾償白鏹〉	正話	：(1)《夷堅志補》卷第八〈李將仕〉。
		(2)《豔異編》卷二十五同上文。
		(3)《情史》卷十八，文字也與上文相同。
		(4)《夷堅志補》卷第八〈吳約知縣〉。
卷十五	入話	：(1)《見聞紀訓》卷下。
〈韓侍郎婢作夫人 顧提控掾居郎署〉		(2)《稗史匯編》卷一百六十八〈救溺得 報〉。
	正話	：(1)《說聽增記》卷下。
		(2)《曲海總目提要》卷十八〈三元記〉附 錄。
		(3)《稗史匯編》卷二十三〈顧州吏還女〉。
卷十六	入話	：(1)《夷堅支戊》卷第五〈劉元八郎〉。
〈遲取券毛烈賴原錢 笑還魂牙僧索剩命〉	正話	：(1)《夷堅甲志》卷第十九〈毛烈陰獄〉。
卷十七	入話	：(1)《剪燈餘話》卷二〈田洙遇薛濤聯句 話〉。
〈同窗友認假作眞 女秀才移花接木〉		(2)《情史》卷二十〈薛濤〉條同上文。
		(3)《豔異編》卷四十〈田洙遇薛濤聯句話〉 也是引自《剪燈餘話》。
		(4)《列傳詩集小傳》閏集亦載〈薛濤〉條。
	正話	：《遼寧戲曲叢書》〈移花接木內容提要〉， 但是本篇來源仍待發現。
卷十八	入話	：(1)《茅亭客話》卷九〈探枸杞〉。
〈甄監生浪吞秘藥 春花女誤泄風情〉		(2)《王雜俎》卷十一〈物部〉。
	正話	：(1)此篇正話疑出《許公異政錄》。但此書是 否仍然存在則不詳。
卷十九	入話	：(1)《春諸紀聞》卷第二〈瓦缶冰花〉。

〈田舍翁時時經理牧童兒夜夜尊榮〉		(2)《汴京勾異記》亦引上文。
		(3)《辟寒部》卷之二。
		(4)《夷堅丙志》卷十四〈錫盆冰花〉相似。
	正話	：(1)《沖虛至德眞經》卷第三〈周穆王〉條所敘老役夫事演變而來。
卷二十〈賈廉訪贋行府牒商功父陰攝江巡〉	正話	：(1)《夷堅志補》卷第二十四〈賈廉訪〉。
卷二十一〈許察院感夢擒僧王氏子因風獲盜〉	入話	：(1)《夷堅志補》卷第五〈楚將亡金〉。
	正話	：(1)正話資料尚未發現，疑出自《許公異政錄》。
卷二十二〈痴公子狠使噪皮錢賢丈人巧賺回頭婿〉	入話	：(1)本事見《夷堅丁志》卷六〈奢侈報〉。
	正話	：(1)《覓燈因話》卷一〈姚公子傳〉。
卷二十三〈大姊魂游完宿願小妹病起續前緣〉		此篇與《初刻拍案驚奇》卷二十三重覆，資料見前，故不重錄。
卷二十四〈庵內看惡鬼善神井中談前因後果〉	入話	：本事不詳。
	正話	：《剪燈新話》卷一〈三山福地志〉。
卷二十五〈徐茶酒乘鬧劫新人鄭蕊珠鳴冤完舊案〉	入話	：(1)《智囊補》卷十〈察智部〉〈吉安老吏〉。
		(2)明·張景《疑獄後集》。
	正話	：(1)《九朝野記》卷四。
		(2)亦見《前聞記》，字句小有異，且無女主角鄭蕊珠之名。
卷二十六〈懵教官愛女不受報	入話	：本事待考。
	正話	：故事來源待考。

〈窮瘻生助師得令終〉		
卷二十七 〈偽漢裔奪妾山中 假將軍還姝江上〉	入話	：(1)《涑水記聞》卷七。 (2)《青瑣高議後集》卷二亦有此條，字句少異。 (3)《宋史》卷二百六十五〈張齊賢〉條。
	正話	：(1)《堅瓠首集》卷之三〈汪太公歸婢〉。
卷二十八 〈程朝奉單遇無頭婦 王通判雙雪不明冤〉	入話	：(1)《耳談類增》卷四十八〈老圃瓜異〉。
	正話	：(1)《智囊補》卷十〈察智部〉〈徽商獄〉。 (2)《遣愁集》卷七〈部雪門〉的文字與上文無甚殊異，似同出一源。
卷二十九 〈贈芝麻識破假形 擷草藥巧諧真偶〉	入話	：(1)《夷堅支甲》卷第六〈西湖女子〉。 (2)《豔異編》卷三十八及《情史》卷十，字句與上篇全同，均無末一句。
	正話	：(1)《情史》卷十二〈大別狐〉。 (2)作者自云是京師老郎傳留，明人筆記小說中，吳大震的《廣豔異編》卷二十二〈蔣生〉條，疑記此事。 (3)《中國通俗小說書目》卷三〈明清小說部〉甲《靈狐三束草》。
卷三十 〈瘞遺骸王玉英配夫 償聘金韓秀才贖子〉	入話	：(1)《情史》卷十〈易萬戶〉。 (2)《耳談類增》卷四十四〈易萬戶〉。
	正話	：(1)《棗林雜俎》義集〈幽冥〉〈王秋英〉。 (2)《情史》卷十六〈王玉英〉。（《古今圖書集成》《明倫彙編》《閨媛典》卷三百六十卷《閨豔部外編》二，以及《古今情海》卷二十一均引自〈耳談〉此文，字句均小異。 (3)《列朝詩集小傳》閏集〈王秋英〉。

		(4)《萬鳥啼春集》，見《靜志居詩話》卷二十四〈王秋英〉。
		(5)《詞統》，見《御選歷代餘余》卷一百十九〈詞話〉。（按《古今圖書集成》《明倫彙編》《閨媛典》卷三百三十九卷〈閨藻部外編〉亦引〈詞話〉此條，字句全同。）
		(6)《曲海總目提要》卷四〈鴛鴦被〉。
		(7)《曲海總目提要》卷二十二〈玉樓春〉。
卷三十一〈行孝子到底不簡尸殉節婦留待雙出柩〉	入話	：本事待考。
	正話	：(1)《明書》卷一百三十六〈列傳〉五〈孝義傳〉。
		(2)《明史》卷二百九十七〈列傳〉第一百八十五〈孝義〉二〈王世名〉。
		(3)《耳談》，見《寄園寄所寄》卷二〈鏡中奇〉。
		(4)《情史》卷一〈王世名妻〉條，也是出自《耳談》，文字完全相同。
卷三十二〈張福娘一心貞守朱天賜萬里符名〉	入話	：(1)《夷堅志補》卷第十《魏十二嫂》。
	正話	：(1)《夷堅志補》卷第十〈朱天賜〉。
		(2)《義妾存孤》，《明代雜劇全目》卷二〈後期雜劇作家作品〉〈傅一臣〉，《重訂曲海總目》著錄此劇誤入清人雜劇目內。
卷三十三〈楊抽馬甘請杖富家郎浪受驚〉	入話	：(1)《蘇談》〈姚少師〉《廣孝雅量》。
		(2)《堅瓠首集》卷之二〈姚少師〉。
		(3)《稗史彙編》卷三十一〈姚少師〉。
	正話	：(1)《夷堅丙志》卷第三〈楊抽馬〉條。

卷三十四 〈任君用恣樂深閨 楊太尉戲宮館客〉	入話	：(1)《談藪》。 (2)《汴京勾異記》卷七，後注出「龐元英 《談藪》」。 (3)《豔異編》卷二十五〈徂異部〉，也引 《談藪》一文。 (4)《情史》卷十八也出自《談藪》。 (5)又見《西湖游覽志餘》卷四。
	正話	：(1)《夷堅支乙》卷第五〈楊戩館客〉。 (2)《情史》卷十八和上文相同，只少末句。 (3)《稗史匯編》卷九十〈滛士得禍〉條。
卷三十五 〈錯調情賈母罰女 誤告狀孫郎得妻〉	入話	：本事來源待考。
	正話	：(1)《情史》卷十〈吳松孫生〉條。（《古今 閨媛逸事》卷四〈滛尸復生〉條，文字全 與此同。） (2)〈錯調合璧〉見《明代雜劇全目》卷二 〈後期雜劇作家作品〉〈傅一臣〉。
卷三十六 〈王漁翁舍鏡崇三寶 白水僧盜物喪雙生〉	入話	：(1)《夷堅志補》卷第七〈豐樂樓〉條。 (2)《古今譚概》卷十八〈臨安民〉。
	正話	：(1)《夷堅志支戊》卷九〈嘉州江中鏡〉。
卷三十七 〈疊居奇程客得助 三救厄海神顯靈〉	入話	：不演故事，卻提到〈周秦行紀〉及〈后土夫 人傳〉。
	正話	：(1)蔡羽《遼陽海神傳》。
卷三十八 〈兩錯認莫大姐私奔 再成交楊二郎正本〉	入話	：(1)《夷堅丁志》卷第七〈大庾疑訟〉。
	正話	：(1)《耳談類增》卷三十二〈徐德婦〉條。
卷三十九 〈神偷寄與一枝梅 俠盜慣行三昧戲〉	入話	：(1)《史記》七十五〈列傳〉第十五〈孟嘗 君〉。 (2)《說郛》卷第二十三〈諧史〉，為宋臨安

		劇中，盜「我來也」事。
		(3)《西湖游覽志餘》卷二十五亦有此條，僅略去首尾，文大致相同。
	正話	：(1)《蓬窗類記》卷五〈黠盜記〉相似。
		(2)《古今譚概》卷二十一與《智囊補》卷二十七與上文的字句大致相同。源於《九籥集》卷十〈海忠肅公〉。
卷四十〈宋公明鬧元宵雜劇〉	來源	：(1)《貴耳集》卷下。
		(2)《浩然齋雅談》卷下。
		(3)〈詞品〉〈拾遺〉〈李師師〉。
		(4)《少室山房筆叢》卷四十一〈莊岳委談〉下。
		(5)《水滸》第七十二回〈柴進簪花入禁院、李逵元夜鬧東京〉。

　　根據上表②，可見《兩拍》之中的多篇作品雖都有源可考，然而，在比較原來的故事和這兩本小說集裡的故事之後，不難發現凌濛初所作的整理和加工的工作。同時，從文言蛻變成白話，凌氏也統一了作品的文字和風格。此外故事中的正話，大部分是經過作者的點染和修飾，雖也有取材自前人的作品，卻是經過了去蕪存菁的剪裁工作之後，才形成了一篇篇膾炙人口的小說。

二、現存刊本

《初刻拍案驚奇》原刊本

㈠　（甲）明尚友堂足本《初刻拍案驚奇》四十卷原本。封面題「即空觀評閱《全像小說》《拍案驚奇》，金閶安少雲梓行。」卷首有序，與通行本同。有凡例五則，為

通行本所無。半葉十一行，行二十字，插圖四十葉。日本日光晃山慈眼堂③。

（乙）重印尚友堂本。版心有「尚友堂」三字。半葉十行，行二十字。共三十六回，有三十六個故事。馬廉藏有一帙，現歸國立北京大學圖書館所有④。

㈡ 消閑居刊本。原書未見。

（甲）通行大字三十六卷本，三十六個故事。分別藏於：

　　⑴東京上野圖書館。

　　⑵東京大學，東洋文化研究所圖書館長澤文庫。

　　⑶京都大學文學院圖書館。

　　⑷大連市立圖書館。

　　⑸北京國立大學圖書館。

　　⑹耶魯大學史特齡紀念圖書館。

　　⑺哈佛大學哈佛燕京學社中文圖書館⑤。

（乙）十八回袖珍本（十八回中共有卅六個故事）。東京無窮會圖書館和內閣圖書館各存一部⑥。

（丙）二十三回袖珍本（二十三回中共有二十六個故事）。廣島大學圖書館藏有一部⑦。

㈢ 聚錦堂版（三十六回有三十六個故事）。加藤繁自稱藏有一部⑧。

㈣ 松鶴齋版（三十六回共有三十六個故事）。藏於天理大學圖書館鹽谷溫文庫⑨。

㈤ 萬元樓版（三十六回共有三十六個故事）。京都大學圖書館存有一部⑩。

㈥ 同文堂版（三十六回共有三十六個故事）。京都大學人文科

學研究所藏有一部⑪。

㈦　鱣飛堂版（三十六回共收三十六個故事）。哈佛大學哈佛燕
　　京學社中日文圖書館藏有一部⑫。

㈧　文秀堂版（三十六回共收三十六個故事）⑬。

㈨　同人堂版（十八回共收三十六個故事）。巴黎國家圖書館收
　　有一部⑭。

　　《二刻拍案驚奇》原刊本

　　《二刻拍案驚奇》三十九卷三十九篇附宋公明鬧元宵雜劇一
卷內閣文庫

　　存明精刊本。圖三十葉，中無鬧元宵雜劇圖。第一葉古紀繪
工，曰「劉蚤摹」，第六葉記刻工，曰「劉君裕刻」。第十八葉
曰「君裕刻」。正文半葉十行，行二十字。板心下題「尚友堂」
⑮。

第三節　時代和社會背景

　　明代小說的萌芽和發展，除了受宋元話本的影響之外，當時
的社會狀態，人民的思想和文化知識水平，對通俗文學——小說
的產生也提供了歷史的條件。《兩拍》也是在這個時代及社會溫
床中誕生了。

一、社會的穩定和經濟的繁榮

　　公元一三六八年，朱元璋建立了統一的明朝政權，定都南
京。明初統治者為了鞏固其統治地位，以恢復社會經濟為當務之
急。

朱元璋有鑑於元朝覆滅的歷史教訓，在經濟上，首先採取了發展生產的措施。他集中力量，振興農業。例如以招撫流亡，獎勵開墾荒田的方法來調劑人力的不足，加速荒蕪土地的開發。移民的原則，是把農民從窄鄉移到寬鄉，從人多田少的地方移到人少地廣的地方。同時，凡移民墾田都由政府給於耕牛種子和路費。又下令凡開墾荒田，各處人民先因兵燹遺下田土，他人開墾成熟者聽為己業。業主已還，則將附近荒田撥補。這樣一來，農業生產遂逐漸恢復。

其次是興建水利。全國水利事業的整修不但減少了災害，並且對促進農業生產具有積極的作用。在建國之後，朱元璋動用全國的財力人力進行大規模的水利工程。此外他還命令全國各地的官員，凡是老百姓對水力的建議，必須即時報告。在洪武二十七年又特別囑咐工部官員，凡是陂塘湖堰可以蓄水泄水防備旱災潦災的，都要根據地勢一一修治。並派國子生和人材到全國各地督修水利。

第三是減輕賦稅，減輕元朝時農民所受的剝削，緩和了明初社會矛盾，從而提高農民的生產興趣。蘇、松、嘉、湖田租特別重，洪武十三年下詔減削⑳。凡各地鬧水旱災荒歉收的，蠲免租稅。豐年無災荒，也擇地瘠民貧的地方特別優免。災重的免交二稅之外，還由官府貸米，或賑米和布、鈔。各地設預備倉，由地方耆老經營，存貯糧食以備救災。

嚴刑懲治貪污的官吏，也是明初的重要措施之一。洪武二年二月朱元璋告諭群臣說：

> 當思昔在民間時，見州縣官吏多不恤民，往往貪財好色，飲酒廢事，凡民疾苦，視之漠然，心實恨之。故今嚴法

禁，但遇官吏貪污蠹害吾民者，罪之不恕[21]。

洪武四年又立法凡官吏犯贓罪的不赦。後來又編《醒貪簡要錄》，頒布之後，官吏貪贓到鈔六十兩以上的梟首示眾，並處以剝皮之刑。自明朝開國以後，兩浙、江西、兩廣及福建的地方官，有許多都因貪贓而被法辦，很少人做到任滿[22]。

這無形中改善了人民的生活，安定了社會秩序，恢復了生產，也加強了封建統治。

由於明初致力於恢復社會的安定，提高生產力，使手工業和商業的發展，促進了城市經濟的繁榮，為小說的萌芽提供了先決的條件。

經濟繁榮的結果，使人們在基本的生活需求之外，對文藝的要求也逐漸地提高。加上購買能力的增強，人們有較充裕的經濟條件來從事文藝的創作及欣賞活動。因此，通俗文學作品受到民眾廣泛的喜愛。這無形中給於創作者一定程度的鼓勵，使更多作家加入俗文學創作的行列。又由於政治和社會的穩定，人們有閒暇的時間和閒適的心情從事創作和閱讀，從而使通俗文學如小說等創作量增加。

二、商業的發展和城市的繁榮

經過明初致力於經濟發展的措施之後，社會經濟有了顯著的進展：

> 宇內富庶，賦入鎧羨，米粟自輸京師數百萬石外，府縣倉庫蓄積甚豐，至紅腐不可食。[23]

由此可見農業生產已大量增加，使得統治者聚積了大量的財富。

　　在統一的、長期穩定的局面下，到了明代中、後期，農業的
發展和提高，引起了農業和手工業的進一步分工，刺激了工商業
和城市的發展。同時，這也使得農業和商業更緊密地結合起來。
許多商品都是農產品，農業生產日益捲入商品生產的範圍中。

　　洪武、永樂時對商業的輕稅保護政策，促使商業迅速的發
展，國內商業都市不斷增多，除了宋、元時期的都市仍舊繁榮之
外，有下列商業城鎮的興起：例如南京、杭州、蘇州、揚州、濟
南、開封、徽州、湖州和徐州等地。

　　商業資本的迅速累積，城市工商業則愈形結集，整個社會的
物力都投向幾個大城市，人口迅速集中；在明顧公燮的《消夏閒
記摘鈔》（上）裡提到：

> 即以吾蘇而論，洋貨、皮貨、紬鍛、衣飾、金玉、珠寶、
> 參藥諸鋪，戲園、游船、酒肆、茶店，如山如林，不知幾
> 千萬人。有千萬人之奢華，即有千萬人之生理。

　　生活的模式由平靜的傳統農村生活，隨著經濟的發展，城市
的繁榮，逐漸的轉向熙熙攘攘的都市生活。在喧囂的都市繁華夢
中，人生的欲望不斷地滋長：

> ……自安太至宣徽，其民多仰機利。舍本逐末，唱棹轉
> 穀，以游帝王之所都。而握其奇贏，休歙尤夥，故賈人幾
> 遍天下㉔。

　　又明張來儀《靜居集》卷三：

> 長年何曾在鄉國？心性由來好爲客。只將生事寄江湖，利
> 市何愁遠行役。燒錢釃酒曉析風，逐侶悠悠西夏東，浮宅
> 泛宅無牽掛，姓名不系官籍中。嵯峨大舶夾雙櫓，大婦能
> 歌小婦舞，旗亭美酒日日沽，不識人間離別苦。長江兩岸

娼樓多，千門萬戶恣經過，人生如何買完樂，除卻眼波奈
若何。

原是純樸的鄉野小民，在都市中浮沉浸染，掙脫了若干傳統
的束縛，成爲機詐的市賈。在物質生活的衝擊下，加上其他因素
的催化，使得這些市民積極的營生。這樣一來一些供娛樂消遣的
通俗文學，如戲劇、歌謠及小說等應運而生，以塡補小市民精神
上的空虛。

人和物質的充沛以及都市中多姿多采的人生場面，造就了都
俗文學滋生的溫床。

三、市民階層的擴大及市民意識的釀造

隨著工商業的發達及城市經濟的繁榮，市民階層逐漸壯大。
由於社會及經濟生活的改善，市民脫離了農村受飢捱餓的困境，
並好整以暇地要求著基本生活以外的活動：

> ……金閶商賈雲集，宴會無時，戲館數十處，每日演劇，
> 養活小民，不下數萬人。……蘇群五方雜處，如寺院、戲
> 館、游船、賭博、青樓、蟋蟀、鵪鶉等局，皆窮人大養濟
> 院。一日令其改業，則必至失業，且流爲游棍，爲乞丐，
> 爲盜賊，害無底止矣㉕。

由於市民階層的壯大，市民意識逐漸醞釀，長期禁錮文人思
想的程朱理學，也因此而受到衝擊，異端奇想自必產生，以符合
市民的文化要求。這種變化反映到文學上，則是歷來不登大雅之
堂而眞實地描繪了普通人的尋常生活及人生百態的作品如小說、
戲劇和民歌等得到市民階層的激賞。

另一方面，封建科舉制度從唐朝開始，到明朝才完成其規

制。明朝建國之初，設府、州、縣學及閭里私塾，上壟斷社會教育及培養新的官僚。此外，明初也實施了科舉制度，規定由地方生員經過鄉試成舉人，會試及格者再行復試，亦稱殿試，及格者成為進士，進試一甲為狀元、榜眼、探花，其餘為進士，然後選官，各級科舉以四書五經為試題的範圍。

科舉八股的考試無論內容或形式都嚴格地束縛著文人。然而由於科舉的普及，復使許多文人在落第之後，回歸到民間，這種風氣久浸之下，一般知識程度自然大大地提高了。加以當時的教育是由官辦，所以各州縣都設有學校，教育的普及，使得平民百姓的識字水平提高了，閱讀通俗作品也就成為他們閒暇的消閒活動之一。

市民文化程度的提高及生活的日趨複雜，他們已不能滿足於口講的「說話」。而進一步要求一種在閒暇時供案頭閱讀的摹擬「小說」話本的「擬話本」。

在這種情況下，話本小說從講唱發展到寫定的階段，由於不受時間的限制，又為了以精采有趣的情節來吸引讀者，因而更注意人物性格的刻劃和場景的描寫等技巧的提高，使得小說的發展，逐漸由集體的創作過渡到個人的創作。

況且，到了明朝，印刷術突飛猛進，為小說的刊印和流傳提供條件。明初時，南京曾集中了宋、元書板及杭州技工，成為全國雕板印刷的中心。到了遷都北京後，雕板印刷亦移到北京。

在明代嘉靖之後，南京成為大量刊刻小說、戲曲、木刻畫及彩色套印的中心。這一時期的彩色套印成為印刷業突出的成就：

> ……國初用薄綿紙，若楚滇所造者，其氣色超元匹宋。成弘以來，漸就苟簡，至今日而醜惡極矣。

> ……宋時刻本，以杭州為上，蜀本次之，福建最下，今杭
> 刻不足稱矣。金陵、新安、吳興三地，剞劂之精者，不下
> 宋板。楚蜀之刻，皆尋常耳。閩建陽有書坊，出書最多，
> 而板紙俱最濫惡，蓋徒為射利計，非以傳世也㉖。

印刷術的進步，印刷成本的低廉，無論官刻、私刻或坊刻都盛極一時。一般平民所愛讀的通俗小說也由於需求的增加，使刻書者急於成書謀利而粗刻濫製：

> ……至於《水滸》、《西廂》、《琵琶》及《墨譜》、
> 《墨苑》等書，反覃精聚神，窮極要眇，以天巧人工，徒
> 為傳奇耳目之玩，亦可惜也㉗。

這表現了明代人已對通俗小說的閱讀有一定的興趣。同時，平民讀物的普遍化，說明了文化演進的趨勢。

四、釋、道教風氣的籠罩。

道教起源於中國民族的思想、風尚、迷信習俗、政治的昏暗、社會動亂而適應苦難的人民，求安慰和解脫的心理需求。道教通俗性具體表現於民間流行觀念與道教法術思想互為表裡，匯為一流。

道教的基本理論和思想體系，是由道家與陰陽家蛻變而來。它用來號召下層社會群眾的，卻是自古巫覡們相傳的祈禳咒詛之術。在對下層的宣傳行動停止後，思想理論傳播的對象，自然便轉向上層的知識分子。

在釋、道二教未傳入以前，儒教一直是中國正統思想體系。自漢以來，長期受到皇帝及士大夫的尊崇和實踐。儒教並非宗教信仰，它只是著重於教化和倫常規念的灌輸。雖然它也有部分的

宗教行為如祭拜祖先和天地等，但是這並不能滿足中國人對「未可知的神秘」的好奇，以及它未能解決人死後生命的疑竇。所以道教和佛教傳入後，正好補充這方面的不足。

明代統治者為了安撫民心，致力於維持三教並存的局面。表面上雖然是道、釋和儒三教的地位相同，實質上，道教和佛教卻凌駕於儒教之上，其中以道教的影響最深，勢力也是最大。

道教在明朝受到各代皇帝的尊尚。他們祀奉道教，有者荒怠政事，與道士方伎朋比為奸，竊亂朝綱。有些則又經常因建造廟宇而花費巨款，加上皇帝本身多好此道，便有不少人投其所好，緇黃披髯者日益增加。明代諸王好道之風由此可見一斑㉘。

另一方面，由於佛教和道教到了明代，受到統治者的崇信而地位更加穩固，在政治上由於沒有受到阻撓而傳播得更加快速。

其實，到了明朝，道教在民間的地位已經根深蒂固，與人民的生活緊密地結合在一起。並且因為它滋生於下層的廣大民眾，流傳極廣，勢力強大，衝擊力亦強，多次與正統思想有所衝突，帶給人民一定的震撼。

道、釋思想也滲入明儒的思想中，使得正統儒家思想的禁錮得以打開。明代的大夫儒者都難以擺脫道、釋二教的薰陶。

到了明代，道、釋二教的理論基礎已經奠定，也有了具體的實踐方式。為了宣傳教義，吸收信徒，他們通過了勸戒性的單篇小冊子，功過格或寶卷，及長篇或短篇小說來灌注釋、道思想於人民，連儒者在不知不覺之中，也受到它們的薰染，在作品中表露無遺。

儒、釋和道教三者的交融，對明代社會有著一定的意義。儒者本身所具有的儒家思想，融合了道教的功過格和勸善思想，佛

教的因果報應和積善銷惡的理念之後，透過了文字表達了三者的共同思想，普遍地滲透到社會的中下層，深入民間。最容易讓人民接受的表現方法便是通過文學的創作，特別是俗文學作品。

由於正統思想的禁錮已被開啓，非正統的文學創作也漸被肯定，創作的範疇大大地開擴了。文人不再拘泥於現實的創作體裁，而開始以超現實的手法，來表現現實的生活環境。這種創作方式也得到了認可，所以在當時小說創作的領域裡，否金創作數量大大地提高，創作的種類繁多，《金瓶梅》、《西遊記》、《封神榜》等小說的出現，正說明了明代文人在創作思想上的突破。

值得注意的是，由於舉國上下瀰漫崇道之風，道教的神怪思想及迷信藥物，縱慾猥褻的思想在明人的作品中屢見不鮮。同時，由於明人浸漬於這種風氣中日久，耳濡目染之下，對於這類的思想與描寫也就習焉不察，爲後人所詬病。

由於文學發展的延續和明代特有的時代和社會風氣，小說的發展才能欣欣向榮。所以明代的小說創作，在中國小說史上占著重要的地位，加上它扮演著承先啓後的重大任務，成爲後代小說的借鏡，推進了小說的發展，使小說到了清代，結出了豐碩的成果，取得了輝煌的成就。

【附　註】

① 譚正璧《話本與古劇》（上海：古典文學出版社，1957），頁 127。

② 本表係據下列諸家研究心得，臚列而成：

　　⑴孟瑤《中國小說史》第二冊（臺北：文星書店，1966），頁253-264。

⑵胡士瑩《話本小說概論》下冊（北京：中華書局，1980），頁 569-592。

⑶孫楷第《滄州集》上冊（北京：中華書局，1965），頁 190-192。

⑷戴不凡《小說見聞錄》（杭州：浙江人民出版社，1980），頁 249-251。

⑸譚正璧《三言兩拍資料》下冊（上海：上海古籍出版社，1980），頁 573-897。

⑹趙景深《中國小說叢考》（濟南：齊魯書社，1980），頁 358-391。

⑺張宏庸《兩拍研究》（臺灣：國立臺灣大學中國文學研究所碩士論文，1975），頁 48-66。

③④ 孫楷第《中國通俗小說書目》（北京：作家出版社，1957），頁 96。

⑤⑥⑦⑧⑨⑩⑪⑫⑬ 李田意《原版拍案驚奇》，見《中國學人》第四期(1972)，頁 90。

⑭ 李田意〈原版拍案驚奇〉，見《中國學人》第四期(1972)，頁 91。

⑮ 孫楷第《中國通俗小說書目》（北京：作家出版社，1957），頁 96。又見《日本東京所見中國小說書目》（北京：人民文學出版社，1981），頁 11。

⑳ 《明太祖實錄》卷 130，頁 4 上。

㉑ 《明太祖實錄》卷 39，頁 9 下。

㉒ 《大誥續誥》，見《明代社會經濟史論集》（香港：崇文書店，1975），頁 68。

㉓ 《明史》卷 78，《食貨志》。

㉔ 明・張瀚《松窗夢語》卷四，見謝國禎《明代社會經濟史料選編》中（福建：福建人民出版社，1980），頁 81。

㉕　明・顧公燮《消夏閒記摘鈔》上，見上書，頁 85。

㉖　明・謝肇淛《五雜俎》卷十三，見謝國楨《明代社會經濟史料選編》
　　上（福建：福建人民出版社，1980），頁 322。

㉗　同上注。

㉘　楊啓樵〈明代諸帝之崇尚方術及其影響〉，見《新亞書院學術年刊》
　　第四期(1962)，頁 71-147。

第三章 《兩拍》的主題涵意

《拍案驚奇》雖是明代白話短篇小說專集，但仍保留了原來口述的特色。這種口述文學即流傳於市集和茶樓說書人的腳本演變而來的通俗文學；其內容廣泛，但主要集中在反映市民的思想和意識，展示他們的生活面貌，以及剖視平民百姓的心態與感情。

凌濛初所寫的這本小說集，內容十分複雜，可說是當時明代社會的縮影。然而，從作品中，不難發現凌濛初極為相信頓悟之理。小說中的芸芸眾生，足以代表人生。小說中的許多主人翁往往經歷了一些坎坷失意的事情，令他們困擾萬分。結果有些因一念之差而趨惡，欲罷不能以致迷失本性；例如《二刻》卷十六〈遲取券毛烈賴原錢　失還魂牙僧索剩命〉裡的陳祈，因一時貪念，置骨肉親情於不顧，結果得不償失，將由兄弟那裡霸占的財產，耗費於醫治心痛病。相反的，也有因一線之明而茅塞頓開，脫離苦海；例如同書卷二十四《庵內看惡鬼善神　井中潭前因後果》裡的元自實，因一念之仁而獲得善報。作者從中強調若要脫離苦海，就得要有德行與修持。這種思想貫徹了整部作品。

作者希企以小說藝術來闡明人生真理。他借釋、道教的抽象之理，以具體的故事來感撼平凡世人，引發他們自省。在《兩拍》序言中，作者已表明其敘事的觀點是根據日常所見所聞的事，以生動的人和事來表現抽象的概念，使之變成具體且普遍的公理，讓讀者沉浸在人生的真象中，以整個心靈來接受籠絡著整

本小說的密密麻麻的因果之網。

　　既然作者處理小說的方式，是讓讀者從「可新聽睹佐詼諧者」①，得到娛樂，並且娛樂之中，拍案驚奇之外，接受他「一破今時陋習」②的嚴肅思想。因此，主題思想的嚴肅與正確成為作者創作和取材的標準。而這種引導的作用，則是通過說話人的口中說出，在潛移默化中達成，吐露了對「天道無常，常與善人」的肯定。這種處理方式使故事的敘述性和說教的意味濃厚。

　　在書中雖出現了一些黃色畫面，但是作者勸善懲惡的心卻是真誠的。他勸善的意識常常闖進故事中，隨意抒發自己的意見，對「看官」進忠言和講道理，忽略了讓讀者的想像力的自由騁馳。

　　在本章中，筆者將討論《兩拍》的內容和思想。

第一節　道教與法術的崇尚

　　明代時期，儒、釋、道三教得到了政府的支持和人民的崇尚，流傳廣泛，影響深遠。在當時，沒有一種通俗文學不憑藉三教而能娛樂或教誨大眾。小說也不例外。因此在《初刻》及《二刻》中，有不少篇章描述了人們對釋、道二教的信奉和對儒教的崇敬。特別是對道教和方術的反映，可以看出道風之盛。明人與道教的關係，也就不可忽視了。

　　儒、釋和道三教經過了明儒和士大夫的融合，在範疇上的區別已是十分模糊，尤其是佛教和道教，更是涇渭不分，難以劃分。由於佛教的盛行，道教的一套體系也因佛典的影響而臻於完整細密。

在明朝的文學作品中，我們不難發現知識分子不加選擇地採納混合了各家思想的教義，成爲佛家、儒家和道家的共同信仰者，強調三教鼎立的現象。例如，在《初刻》卷十七〈西山觀設籙度亡魂開封府備棺追活命〉裡，開頭的一首詩便指出了這種情形：

> 三教從來有道門，一般鼎足在乾坤。
>
> 只因裝飾無殊異，容易埋名與俗渾。

道教活動的盛行，道教勢力滲透各階層的生活，間接地影響了士大夫階層的思想，使得明代儒者在思想上沾染了濃厚的道教色彩。道教、佛教及儒教思想在明代雖然各有「道門」，但卻難以嚴格地劃分。這是因爲道教思想、佛道思想及儒家思想在許多地方都膠纏不清，且都匯入廣大民眾的生活裡，形成了所謂三教交融，「鼎足在乾坤」的局面。

有關道教的起源及其內容，凌濛初在《兩拍》中作了簡略的介紹：

> 說這道家一教，乃是李老君青年出關，關尹文始眞人，懇請留下《道德眞經》五千言，流傳至今。這家教門，最上者衝虛清靜，出有入無，超塵俗而上升，同天地而不老；其次者，修眞煉性，吐故納新，築坎離以延年，煮鉛汞以濟物；最下者，行持符籙，役使鬼神，設章醮以通上界，建考召以達冥途。這家學問，卻是後漢時張角，能作五裡霧，人欲學他的，先要五斗米爲贄見禮，故叫得「五斗米道」，後來其教盛行，那學了與民間袪妖除害的，便是正法。若是去爲非作歹的，只叫得妖術。雖是邪正不同，卻也是極靈驗難得的。流傳至今，以前兩項高人，絕世不能

得存。只是符籙這家，時時有人學習，頗有高妙的在內③

道家思想本是發揮清靜無爲之旨；清虛寡欲，以道修生。清靜自守，爲道教之本。而重視修養，目的在於借此以長生或修煉成仙。經過不斷的衍化與流傳之後，道教才出現一套有系統的理論與實踐方法。所謂實踐方法，即符籙、祈讓、禁劾等諸術。修養長生不老之術，則可分爲內丹及外丹的修煉。除了提煉長生不死藥之外，煉丹術也同時建築在「點石成金」的基礎上。方術利用「丹砂」來煉製黃金，說黃金可以煉製成「不死藥」，又可利用它來製作更多的黃金。因此煉仙丹及煉金丹的活動，在道教活動中十分活躍。

有關道教的變相活動及其內部弊病叢生的現象，凌濛初在《兩拍》中作了一定程度的反映。

在《初刻》中，凌濛初對幻想「煉丹卻老」和「點石成金」的貪客痴人以輕鬆的筆觸，嬉笑的語調給於諷刺。例如《初刻》卷十八〈丹客半黍九還　富翁千金一笑〉裡，作者借解釋「提罐」一詞，指出燒丹煉金的騙局：

> 世上有這一夥燒丹煉汞之人，專一設立圈套，神出鬼沒，哄那貪夫痴客，道能以藥草煉成丹藥，鉛鐵爲金，死汞爲銀。名爲「黃白之術」，又叫得「爐火之事」。只要先將銀子爲母，後來覷個空兒，偷了銀子便走，叫做「提罐」。

故事中的富翁姓潘，由於死心塌地的相信丹客點鉛汞爲黃金的法術，又見丹客的愛妾生得貌美，想借故親近，結果被貪財好色所誤而落得人財兩空，身敗名裂。

除提到道教煉金縮銀的騙局之外，在作品中也描述了當時流

行的所謂「房中術」。在《二刻》卷十八〈甄監生浪吞祕藥 春花婢誤洩風情〉，<u>凌濛初</u>除了再次的說明黃白之術的欺世詐人之外，還指出了當時時人服藥以刺激性生活的普遍：

> 何謂黃白之術？方上丹客哄人煉丹，說養成黃芽，再生白雪，用藥點化爲丹，便鉛汞之類，皆變黃金白銀。故此煉丹的，叫做黃白之術。有的只貪圖銀子，指望丹成；有的說，丹藥服了就可以成仙度世，又想長生起來；有的又說，內丹成外丹亦成，卻用女子爲皆器與他交合，採陰補陽，捉坎填離，煉成嬰兒姹女，以爲內丹，名爲「採戰工夫」，乃黃帝、容成公、彭祖御女之術，又可取藥，又可長生。

房中術爲房中卻病之術，目的在於增年延壽，後來卻被誤解了；至於採陰陽之說也被歪曲，以至失實，成爲猥褻變相的性技術，被利用來欺誑世人。由於<u>明</u>人認爲房中術有助於長壽，而且又覺得它和服食丹藥相輔而行，是達到延年益壽的一種方法。在服食藥物之後，精神受到了刺激，就想到施行房中術了，更何況還對益壽有所幫助。這種變了質的低級和鄙俗的<u>道教</u>活動，漸漸成爲世人所信行，和最初道教養性及求長生的出發點背道而馳：

> 卻有一等痴心的人，聽了方士之言，指望煉那長生不死之藥，死砒死汞，弄那金石之毒，到了肚裡，一發不可復救。古人有言：「服藥求神仙，多爲藥所誤。」自晉人作興那五石散，寒食散之後，不知多少聰明的人被此誤了性命。臣子也罷，連皇帝裡邊，藥發不救的也有好幾個。這迷而不悟，卻是爲何？只因製造之藥，其方未嘗不是仙家的遺傳，卻是神仙製煉此藥，須用身心寧靜，一毫嗜欲俱

無，所以服了此藥，身中水火自能勻煉，故能骨力堅強，長生不死。今世製藥之人，先是一種貪財好色之念橫於胸中，正要借此藥力掙得壽命，可以恣其所為。意思先錯了，又把那耗精勞形的軀殼，要降伏他金石熬煉之藥，怎當得起？所以十個九個敗了。④

在《二刻》卷十八〈甄監生浪吞祕藥　春花婢誤洩風情〉裡凌濛初對於服藥濟欲及明代變相的性技術描寫得極為詳細，同時也表現出他企望以甄監生的死來作為反面教材，告誡世人勿耽於色慾，迷信丹藥。另一方面，他也反映出在當時，藥物的刺激和房中的享受是不可分離，且在富貴的人家中極為常見。而在明代帝王中，也有因服食藥物，縱酒色以求長壽而斃命的例子⑤。足見服藥濟慾在上流社會及宮廷中蔚為風尚，道教空氣籠罩朝野。

明代表面上雖仍維護嚴厲的道德，然而，由於道教的影響，明人在思想實質上已起了很大的變化。他們對於生命的一切都感到興趣，特別是對神奇古怪的傳說，更是津津樂道。甚至是有傷風雅的事物，也在閨房之外談論，認為無需隱諱。在明人的作品中，這種思想表露無遺。此類思想的盛行，全拜道教所賜。

小說《兩拍》裡的人物，都生活在儒家的精神世界裡。他們雖然遵守著儒的德行，然而，卻也是釋、道的善男信女。在故事裡的許多角色，都具有這一特點。他們期待通過德行及為善，獲得福祿壽晉等的世俗報酬。除了極少數的人物能真正的澈悟佛家之理，或選擇道家的羽化超凡的道路之外，許多小說中的人物所盼望的不外是行善後得善報、蔭庇子孫及來生得厚祿等。

儒家頌揚的德行如忠、孝、節、義等觀念，在明代社會仍然暢行。《兩拍》也透過了小說展現了儒家的社會秩序。書中的知

識分子、官吏、市民百姓，都深受儒教的薰陶。人物也都以實踐儒家教條來自我約束；這也包括了小說中的女性。不過，當實際生活中的功罪的獎罰不能善有善報，恰如其分時，道、釋的因果報應說也就普遍地用來解釋死後的報償。

話說回頭，在某些時候，釋、道與儒家是互相配合的。今世的德行，有德行即行善積德，這種德行得人物今世成功，來世得報善，並使子孫得庇護。如果行惡，在法律之下沒有被懲治，則死後將入地獄受折磨。例如《初刻》卷二十〈李克讓竟達空函 劉元晉雙生貴子〉裡的劉元晉因善心收留李克讓的妻和子而獲得「加官一品，壽益三旬」。益壽添嗣全因善行所賜。同篇中的另一人物裴安卿則由於體恤囚犯，免去他們肘手鐐足之苦，又每日給他們喝涼水，一念之善，所以雖然後來因犯人越獄之事而病死獄中，可是在死後卻被封為「天下都城隍」。另一則故事《初刻》卷二十一〈袁尚寶相術動名卿 鄭舍人陰功叨世爵〉裡的鄭興兒，因拾金不昧而扭轉了命運，成了「游擊將軍」，得到了今世的成功。反觀《二刻》卷二十《賈廉訪贗行府牒 商功父陰攝江巡》裡的賈廉訪死後仍得償還生前的罪孽：

> 囚犯道：「我乃賈廉訪，生前做得虧心事頗多，今要一一結證，諸事還一時了不來得。你到此且與我了結一件。我昔年取你家財，陽世償還，已差不多了，陰間未曾結絕得。多一件多受一樣苦，今日煩勞你寫一供狀，認是還足，我先脫此風扇之苦。」

這種「善有善報，惡有惡報」的報償觀念在小說中是屢見不鮮。作者不斷地以正面或反面的例子來說服讀者，接受這種現象的存在。

　　道教的思想也表現在故事中人物皈依釋、道而為棄世的隱士的這類行為上。這種處理方式通常是應用在幸福被剝奪之後的女性身上，如《初刻》卷十九《李公佐巧解夢中言　謝小娥智擒船上盜》裡的謝小娥，以及卷二十七〈顧阿秀喜舍檀那物　崔俊臣巧會芙蓉屏〉裡的王氏。

　　值得一談的是，凌濛初在《兩拍》中除了反映追求功名、名譽的個性外，也並不抹殺小說角色追求及讚美世俗目標的性格。這兩種極端的性格，即尋求無我和棄世的人物，以及投身於名利圈子中的角色，同時並存於小說之中，反映了現實世界中的普遍真象。

　　因此，小說中人物生活上所面對的矛盾及不調協的現象，正反映了明代人們在生活上的抉擇。他們一方面依循儒家所統轄的社會秩序，不斷地在權力、功名和名譽中找尋他們的歸宿，一方面又企望從道和釋二教的哲學和信仰中得到慰藉。從另一個角度來看，明人既深受道教的影響而服藥追求享受，縱容自我的情慾，但是卻又得接受儒家嚴格的道德約束。

　　明朝雖極力維持三教合一的局面，卻難以維持三教勢力的均衡。這是因為在那時，道教的勢力已經很大，影響也很深。明朝人在長時間地受儒家道德嚴格的統治之後，道教的活動正是他們在幻想中對現實缺陷的彌補。特別是在於道教與佛理相融，接受了後者因果報應之說以後，當時的人對於現實的不滿心理，在期待來生的報償中，得到了解脫與平伏。

　　凌濛初在《兩拍》故事中企圖反映的是道教在明代，不但迎合了帝王貴族們的需求，而且它的盛行，有著一定的社會基礎。否則道教絕不會凌駕於儒、釋二教之上，左右明人的生活和普遍

地反映在小說作品之中。

第二節　鬼神的觀念世界

先民將自然氣象千變萬化的奧祕，融之於想像力而孕育了許多神話和傳說。在佛教和道教思想的滲雜和通俗化之後，在中國人的心目中，鬼神的觀念更加普遍，而匯入了生活實質後的鬼神世界，更富於異彩。貫串了現世與來生的鬼魂世界，不但解答了人死後精神歸宿的問題，也使得人們相信現世的怨恨冤曲都可在那裡抗訴，而令公理得到重申。這使得鬼神的觀念，歷久不衰地支配著中國古代廣大民眾的信仰。

在古人的觀念中，鬼神是不可欺蒙的。邪惡的行為可以逃過人間的耳目，卻不能欺瞞神明。人們的行為無論善惡，都必為鬼神所洞悉，為了補救人間法網的疏漏以及維持公正，於是人類對鬼神有極大的期望和信心。而法律也對於鬼神有所借助和依賴；宗教制裁與法律的制裁有著一定的聯繫，官府所採取的法律制裁行動是針對揭發了罪狀，至於未被揭露的，則請鬼神予以陰遣，因而宗教制裁與法律制裁是相輔相成的；法律制裁是主體，宗教的制裁則處於輔助的地位。

古代的官吏在遇到疑難不決的案件，往往祈求神助，祈求神助之前，他們先必齋戒，然後到城隍廟焚香默禱，將懸案一一禱告，祈求審理案件時，能得神庇，早日破案。《初刻》卷十四〈酒謀財於郊肆惡　鬼對案楊化借屍〉一文中，就有一段有關這方面的描寫：

> 那即墨縣李知縣查得海潮死屍，不知何處人氏？何由落

水，其故難明：亦且頸有繩痕，中間必有冤抑，除責令地
方一面收貯，一方訪拿外，李知縣齋戒了，到城隍廟虔誠
祈禱，務期報應，以顯靈佑。

由此可見，官吏深信城隍之神有益即治⑥，通過神靈對人類
惡行的不悅反應（即所謂之報應），以解決疑難案件。在廣大的
民眾心靈裡，也存在著公正嚴明的陰間世界及賞罰分明的神仙世
界。這種觀念頻頻投影在文學作品中。從文學的角度來看，神鬼
的形態在戲劇和小說中可說是形形色色，各有其性情與思想，神
鬼的形象由現實的人生蛻變而來，經作家的刻意渲染，信筆馳
聘，及加以人格化之後，對讀者具有阻嚇之效，從而發揮了教化
人心的作用。神鬼的意識和心態，實際上正是現實世界的要求和
反應。戲劇和小說的創作者，以超現實的浪漫手法，配合實際的
生活需求，有別於純粹宗教性的鬼神觀念，塑造出神鬼世界來影
射人世間的善惡美醜，嘲諷及批判現實，並且著力於規畫出一套
道德準則來彌補缺憾與不足的人生。

凌濛初在《兩拍》中，雖然也以超現實的筆觸和虛幻的寫作
手法，賦予神鬼意識與形態，但是我們不難從中探索出一個具體
的概念；即在法律蕩然，道德淪喪的混亂社會中，人間失去了公
理，充滿了冤屈，悲憤和不平的當兒，他試圖以處處充滿人的性
質的鬼神世界來與現實人生結合，彌補法律的疏漏，延續人間未
了的情緣和促成深情摯意的體現。因此在小說裡的鬼神世界中，
正義得到了伸張，逞凶的惡徒，得到懲治。同時也讓在困境中的
人，能突破厄境而得到解脫，使得空虛失望的心靈，獲得慰藉與
滿足，之上小說世界趨於完美。

對於鬼魂的存在，凌濛初基本上是肯定的。在《初刻》卷十

四〈酒謀財於郊肆惡　鬼對案楊化借屍〉裡，他表示「人身四大，乃是假合，形有時盡，神則常存，何況屈冤魂，豈能遽散？」接著，他又說：

> 明不獨在人，幽不獨在鬼。
>
> 陽世與陰間，似隔一層紙。
>
> 若還顯報時，連紙都徹。⑦

作者為了勸勵世道，言之鑿鑿地肯定鬼神的無所不在，甚至作了種種淋漓盡致的刻畫與描寫：

> ……只因世上的人，瞞心昧已做了事，只道暗中黑漆漆，並無人知覺的。又道是死無對證，見個人死了，就天大的事也完了，誰知道冥冥之中，卻如此照然不爽！說到了這樣轉世說出前生，附身活現花報，恰像人原不死，只在面前一般。隨你欺心的硬膽的人，思之也要毛骨悚然。卻是死後托生，也是常事；附身索命，也是常事。⑧

在人間做壞事的惡徒，雖然逃過了陽間法律的懲治，卻逃不過鬼魂的冤報。這種現身說法，通過小說勸世的意味在《兩拍》中十分濃厚，且屢屢出現，例如《初刻》卷三十的〈王大使威行部下　李參軍冤報生前〉故事裡，凌濛初又再次闡明冤業相報的思想，而本著說教的心情來闡述，以期取得「匡世道人心」之效：

> 話說天地間最重要的是生命。佛說戒殺，還說殺一物，要填還一命。何況同是生人，欺心故殺，豈得不報？所以律法上最嚴殺人償命之條。漢高祖除秦苛法，止留下三章，尚且頭一句，就是「殺人者死」。可見殺人罪極重，但陽世間不曾敗露，無人知道，那裡正得許多法？儻有漏了網

的。卻不那死的人，落得一死了，所以就有陰報。那陰報事也盡多，卻是在幽冥地府之中，雖是分毫不爽，無人看見。就有人死而復甦，傳說得出來。那口強心狠的人，只認做說的是夢話，自己不曾經見，那裡肯個個聽？卻有一等即在陰間，受著再生冤家現世花報⋯⋯這還是道「時衰鬼弄人」，又道是「疑心生暗鬼」未必不是陽命將絕，自家心上的事發，眼花撩花上頭起來的。

《二刻》卷十六〈遲取券毛烈賴原錢　失還魂牙僧索剩命〉一文中，作者假借陰曹地府的超凡力量來解決人間的糾紛，借鬼魂地府以寓意，強調惡有惡報的道理；魂魄一入地府鬼域，便得受正直無私的官吏的審判，結果將難逃公正嚴峻的冥律。在文中，凌濛初將陰間的鬼魂及審案的過程加以趣味化，使讀者在享受趣味的故事之餘，透過直接的反射，看清現實社會的漏洞與欠缺。

且說陳祈隨了來追的人，竟到陰府。果然毛烈與高公多先在那裡了。一同帶見判官。判官一點名過了，問道：「南獄發下狀來，毛烈賴了陳祈三千銀兩，這麼說？」陳祈道：「是小人與他贖田，他親手接受。後來不肯還原券，竟賴道沒有。小人在陽間與他爭訟不過，只得到南獄大王處告這狀的。」毛烈道：「判爺休聽他胡說！若是有銀與小人時，須有小人收他的執照。」判官笑道：「這是你陽間哄人，可以借此廝賴！」指著毛烈的心道：「我陰間只憑這個！要什麼執照不執照？」毛烈道：「小人其實不曾收他的。」判官叫取業鏡過來。旁邊一個吏就拿著銅盆大一面鏡子來，照著毛烈。毛烈、陳祈與高公三人一齊看那

鏡子裡面，只見裡頭照出陳祈交銀，毛烈接受，進去附與妻子張氏，張氏收藏。是那日光景宛然見在。判官道：「你看我這裡可是要什麼執照的麼？」毛烈沒得開口。陳祈合著掌向空裡道：「今日才表明得這件事，陽間官府要他做什麼幹？」……當下判官把筆來寫了些什麼，就帶了三人到一個大庭內。

在冥司斷案的法寶——業鏡的照觀之下，人人在冥司面前無可遁形，是非分明，判決自然也就公正無私。正如陳祈所說的「東岳真個有靈，陰間真個無私，一些也瞞不得，大不似陰間官府沒清頭沒天理的。」凌濛初設計的鬼神世界，描繪的冥府，彌漫著道、釋的空氣，但卻充滿了影射現實的意味及透露出對人性的嘲弄。在陰曹地府中，在陰間被冤屈而無處申訴的人，可以在這裡尋回公理及維持人間的公道；這裡是最終公正的法庭，而它正足以彌補人間的種種缺陷，使得虛實相涵，人的生活更加富足與完美。

世間男女之情，感人至深，不因生死而渝其真誠，同樣也因一生一死的結合而彌見真切。《兩拍》中的女鬼稟賦著活潑生動的形象。活在小說世界裡的美麗女鬼，牽纏著人鬼之間感情上的恩怨是非，使得二者之間多一層聯繫；例如卷二十三《大姊魂遊完宿願　小姨病起續前緣》⑨裡的興娘，在未婚夫未來之前病逝，死後不忘在世的婚約，於是化為美貌女子與未婚夫逃到外縣，以踐守誓約，共續未了的情緣。

此外《二刻》卷三十〈瘞遺骸王玉英配夫　償聘金韓秀才贖子〉裡的王玉英在兩百年前抗拒胡虜之辱而死，因年代日久，屍骨暴露在外，韓生經過，加以掩埋。王玉英感恩相報，變成端麗

女子，爲韓生產下一子，留爲後嗣。凌濛初透過女鬼的舉動及思想感情來品味人生，同時也象徵了生生不息，深情摯意的體現。

　　然而女鬼的綿綿深情，知恩圖報，益發襯托出人世間的薄情寡義。在《二刻》卷十一〈滿少卿饑附飽颺　焦文姬生讎死報〉裡的滿少卿，置有恩於他的岳父於不顧，拋棄了妻子另娶，使髮妻焦文姬抱恨而死。最後焦文姬化成女鬼，將他活捉了去陰府對質，由陰府判斷。

　　雖然在故事中，凌濛初極力表現出女鬼和人之間的眞摯情意，但是，仍不難發現作者承襲了傳統的觀念，一提到感情，總滲雜了濃厚的情慾成分在內，使得慾之於情往往有喧賓奪主的趨勢（詳見第三節），使得感情問題，性慾問題及婚姻問題在鬼和人之間或人與人之間出現連鎖現象。

　　由前面的例子中可以看到在《兩拍》裡，鬼魂鮮明活潑的形象躍然紙上。反觀神仙的形態則顯得晦暗不明或若隱若現，對於懲治惡徒與鏟除人間不平現象的態度，也不及鬼魂來得強烈與徹底；例如《初刻》卷六《酒下酒趙尼媼迷花　機中機賈秀才報怨》的故事裡的觀世音只在夢中顯露，托夢指點，並未親自懲罰惡棍：

> 卻說賈秀才在書館中，是夜得其一夢，夢見身在家中，一個白衣婦人走入門來，正要上前問他，見他竟進房裡。秀才大踏步趕來，卻走在壁間掛的繡觀音軸上去了，秀才抬頭看時，上面有幾行字。仔細看了，從頭念去，上寫道：
> 　口裡來的口裡去，報仇雪恨在徒弟。
> 念罷，撥轉身來，見他娘子拜在地下，他一把扯起，撒然驚覺。自想道：「此夢難解，莫不娘子身上有些疾病事

故，觀音顯靈指示？」

在《初刻》卷二十四〈鹽官邑老魔魅色　會骸山士誅邪〉裡的觀世音，也以類似的方式指示巡捕偵知謀殺徽商的案件：

> 可憐一個徽商，做了幾段碎物。好意布施，得此慘禍。那僧徒收拾淨盡，安貯停當，放心睡了。自道神鬼莫測，豈知天理難容？是夜有個巡江捕盜指揮，也泊舟磯下，守候什麼公事。天早起來，只見一個婦人走到船邊，將一個擔桶汲水，且是生得美貌。指揮留心，一眼望他那條路去。只見不走到民家，一直走到寺門裡來。指揮疑道：「寺內如何有美婦擔水？必是僧徒不公不法！」帶了哨兵，一路趕來。見那婦人走進一個僧房。……只見婦人進得房門，隱隱還在裡頭，一見人來，鑽入甕裡去了……指揮道：「甕中必有冤枉。」就叫哨兵取出甕來，打開看時，只見血肉狼藉，頭顱劈破，是一個人碎割了的。……眾人見僧口招，因為布施脩閣，起心謀殺，方曉得適才婦人，乃是觀音顯靈。那一個不念一聲「南無靈感觀世音菩薩」！要見佛天甚近，欺心事是做不得的。

通過鬼神型態描寫的比較，我們可以得到以下的結論：凌濛初所刻畫的冥府地獄，是理想世界的投影，其中有公正廉明的官吏，合理的審判制度。它補償了人間的種種缺失，哀愁冤恨在那裡得到渲洩與慰撫。他筆下的「鬼」在故事中往往扮演著吃重的角色，且具有積極的意義。神的世界和繽彩交織的鬼域比較起來，是那麼空白貧乏，與人間也有極大的差距。它顯得遙遠虛渺，可望而不可及。此外，和鬼魂相形之下，「神」的形象顯得軟弱，他的特質也蒙上曖昧的色彩，他往往成為人世懿德美行的

模範,而只流於被歌頌及被膜拜的對象。

第三節　愛情與名節的權衡

　　元朝時,本性慓悍的游牧民族蒙古人統治敦厚純樸的漢人。在異族的統治之下,漢人的傳統文化、風俗習慣及道德規範,產生了很大的變動。同時,由於胡風轉熾,漢族人深受胡習的影響,禮法制度顯得鬆馳。

　　明代緊接在元之後,在道德觀念及價值判斷上受其影響,保留了元朝的部分遺風。加上明朝時,煉丹求仙,朝野競談「房術」的風氣盛行,而使當時的人對愛情、男女關係及婚姻的看法與元代以前的傳統看法和觀念有所不同。所以在分析《兩拍》中所反映的有關思想的同時,也借此一窺當時的風尚。

　　中國傳統的婚姻制度有賴於「父母之命,媒妁之言。」小說中談情說愛的場面,往往只見於嫖妓宿娼。而故事裡的女主角幾乎是被動的。但是,在《兩拍》的故事中,卻有不少女主角衝破了道德的藩籬,主動地與男主角見面、幽會,甚至偷情;例如《初刻》和《二刻》卷二十三〈大姊魂遊完宿願　小姨病起續前緣〉⑩裡的女主角吳興娘,死後魂魄依附在妹妹慶娘身上,主動地來找男主角崔生,還說了一番大膽的話:

> 女子道:「如此良宵,又兼夜深。我既寂寥,你亦冷落。難得這個機會,同在一個房中,也是一生緣分。且顧眼前好事,管什麼發覺不發覺?況妾自能為郎君遮掩,不致敗露。郎君休得疑慮,挫過了佳期。」

甚至在崔生故作矜持之時,軟硬兼施,翻臉逼他服從。

　　另在卷三十四〈聞人生野戰翠浮庵　靜觀尼晝錦黃沙衖〉中的靜觀，在船上見到「少年英俊，氣質閒雅」的聞人嘉時，作者描寫她「只見他一雙媚眼，不住的把聞人生上下只顧看。」的直接及神馳意狂的舉動，與傳統小說中的閨秀作風迥然不同。

　　此外《二刻》卷九〈莽兒郎驚散新鶯燕　㑵梅香認合玉蟾蜍〉裡的素梅小姐，見到鳳來儀「青年美質，也似有眷顧之意，毫不躲閃。」由於久被封閉在咫尺樓房之中，強烈的感性無從發洩，終於迸發了超越禮法的浪漫之情。所以當鳳來儀約她幽會時，她也沒有回拒，而準備赴約。

　　又如《二刻》卷三十五〈錯調情賈母罵女　誤告狀孫郎得妻〉描寫兩位姑娘，見鄰家學生「貌甚韶秀」而頓生愛慕之情，期望與他同宿一晚，就覺得「死也甘心」。精神上的沉醉和滿足，感官的強烈要求，使得她們忘卻了禮教的束縛而追求精神和肉體的醖足，捨身以從愛，最後姑嫂二人雙雙自殺。

　　《兩拍》中大家閨秀逾越禮法的例子，層出不窮，且女主角一反過去小說處於被動的地位，而變成了取主動的態度。故事中的女主角表現了她們大膽粗獷及將貞潔觀念置諸腦後的作風和態度。男女的見面和結合總是瞞著父母和兄長，在暗地裡進行。

　　凌濛初對於男女在婚前的結合，採取了開放的態度。他似乎默許這種結合，並將這種行為歸入「情」的範圍裡，沒有嚴厲的批評和遣責。例如前面所舉的例子；如卷二十三回〈大姊默遊完宿願　小姨病起續前緣〉，凌濛初在篇末說興娘「只是一箇情字為重，不忘崔生，做出許多事體來。心願既定，便罷了。」：作者對興娘不顧禮法，主動地與崔生結合的行為，以重情義的理由替她解開，因此故事中，他所表現的道德束縛，顯得十分鬆弛。

興娘天眞浪漫的情愛與崔生在感情的激蕩中，還保持著現實生活的理智，衡量利害、顧忌安危榮辱形成了強烈的對照。在興娘的唯情世界裡，根本不講究現實世界的利弊榮辱，純然爲稚子之情。所以凌濛初認爲這是愛情的極至，並對於這種行爲給於讚許。

我們不禁要問，興娘與興哥二人只有一紙婚約在先，素未謀面，兩人初次見面，正是在她主動地找興哥共渡良辰的當晚。作者卻說興娘重情，試問何「情」之有？從上面所舉的例子裡，我們可以看出凌氏所謂的「情」，實際上只是一種衝動，背乎理性，是有了性的結合之後才產生的。因此，興娘這種表現的推動力量，實際上是一種本能的衝動，並非是刻骨銘心的愛情。

其次，在另一個故事裡，靜觀與聞人生在船上只有數面之緣，便「身己托於君，必無二心。」；而素梅小姐與鳳來儀，也只靠幾次來回傳達詩箋，就「覺有情」。在這麼短的時間裡，便產生了愛情的意識，實在快得令人難以信服。

由此可見，凌濛初將性與愛混淆了起來，所以在小說中，性的結合凌駕於愛情與婚姻之上，蒙混地把性的結合直認是愛情迸發的必然結果。這使得性與愛的意義混淆莫辨了。

這種互爲因果關係的性和愛與中國舊式的婚姻制度有著共通的地方。舊式的婚姻都是先結婚，再培養愛情。唯一不同的是前者在暗地裡結合，而後者則是明媒正娶，爲社會所認可的行爲，但在婚姻的幕幃下，二者的關係也就混淆不清了。

由於婚姻的約束，夫妻的關係被固定下來。同時，又由於婚前沒有戀愛的機會，因此在婚後彼此都得設法培養愛情。這種曖昧不清的愛情觀，是絕大多數傳統的中國婦女所不敢也不願深究

的。到底她們的婚姻是否幸福？她們是否真正愛她們的丈夫？這些問題相信她們都不敢捫心自問，也是她們所無法回答的。

就因為愛情和婚姻的混淆，使得衛道之士引申出許多道義和名節的觀念，加在婦女的身上，成為束縛人性的枷鎖。對此，作者在《兩拍》中也作了一定程度的反映；例如《二刻》卷三十一〈行孝子到底不簡屍　殉節婦留待雙出柩〉中，王世名的妻子俞氏說：

「君能為孝子，妾亦能為節婦。」世名道：「你身是女子，出口大易，有好些難哩。」俞氏道：「君能為男子之事，安見妾身就學那男子不來？他日做出便見。」世名道：「此身不幸，遭罹仇難，娘子不以兒女之見相阻，卻以男子之事相勉，足見相成了。」

後來，王世名殺了仇人，回到家中與母親和妻子道別時，俞氏又說：「君若死孝，妾亦當為夫死。」王世名死後三年，她果然不願「獨身以負君」，而以身相殉，丟下了三歲的幼兒和守寡的婆婆。

再看《二刻》卷三十二〈張福娘一心貞守　朱天錫萬里符名〉，女主角張福娘為朱逖公子之妾，娶她的目的，是在正式娶妻之前「目下圖個伴寂寥之計，他日娶了正妻，遣還了他，亦無不可」。這樣被人呼之則來，揮之則去的張福娘仍抱著「嫁雞逐雞飛」的態度，且「又不肯嫁人，如此苦守，今見朱家要來接她，正是落葉歸根事務，心下豈不自喜！」

這些片斷，說明了道義與貞潔觀念支配著傳統婦女的生活及命運。她們為殉節而死，為守節而活，完全喪失了個人生存的意義。

　　傳統的舊社會裡，婚外的愛情關係，對男方而言，往往被傳為佳話，綴滿了浪漫的色彩。對女性來說，她便會受到社會的羞辱，所以應該趁早慧劍斬情絲，了結婚外的戀情，以免為了愛情而罔顧婚姻，給自己帶來悲劇的下場。

　　《兩拍》的作者凌濛初，在個人的情感方面，他諒解有婚外愛情的婦女的行為。因此對她們比較寬容，只給予適度的批評，卻不苛刻地給於抨擊。在小說中，我們可以看到婚外愛情的存在，雖然肉慾的成分重於愛情，然而，凌氏並未假借禮教的名義來加以鞭撻，反而對故事的女主角寄於同情。例如《初刻》卷二〈姚滴珠避羞惹羞　鄭月娥將錯就錯〉裡的姚滴珠、卷十七〈西山觀設籙度亡魂　開封府備棺追活命〉裡的吳氏和《二刻》卷三十八《兩錯認莫大姐私奔　再成交楊二郎正本》中的莫大姐等。在小說裡，作者採取較開放的態度，並不刻意排斥婚外的愛情關係。這種觀念，和傳統的禮教觀念有所不同。

　　此外，在《兩拍》中，作者也賦予「貞潔」觀念不同的涵意。《初刻》卷六〈酒下酒趙尼媼迷花　機中機賈秀才報怨〉裡的巫氏娘子，因中了趙尼姑的計而失身，心有不甘，等著丈夫回家時，說明一切，並想以一死以表清白，希望丈夫替她報仇。透過了賈秀才的話，凌濛初表示了他對「貞潔」的看法：

　　　　秀才道：「不要短見！此非娘子自肯失身，這是所遭不
　　　　幸，娘子立志自明，今若輕身一死，有許多不便。」
　　　　賈秀才深明大義，巫氏娘子立意堅定，二人從長計議，終
　　　　於報了冤仇。
　　在結束全文時，作者說：
　　　　那巫娘子見賈秀才并事決斷，賈秀才見巫娘子立志堅貞，

越相敬重。

　　通過賈秀才這個人物，凌濛初表現出他已超越了傳統觀念對「貞潔」的看法，而對此問題有較進步的意見，給於貞潔二字新的定義。

　　從上面的分析中，我們不難發現，凌濛初以愛情觀來詮釋婚前與婚後的男女關係，態度寬容，因此在書中道德意識只留下模糊的影子。而在殉節與守貞的問題上，作者卻採取了世俗的標準來加以評價，對她們表揚或封章。增強了禮教的束縛，削弱了作品的個人意義。

第四節　庸官酷吏的原形

　　不論政治良窳，官場黑暗，歷代皆然。在中國歷史上，貪官敗政只有程度上的差異，而未曾在任何朝代絕跡。歷代文學作品中，除了對清官廉政大力推崇之外，對於庸官惡行的揭發是不遺餘力。

　　《拍案驚奇》的作者，通過了人物的對話，情節的擬構，含蓄蘊借的手法，似無意而實有意的反映出官吏的素質，庸官污吏之為害及官僚制度的弊端。

　　在《初刻》卷二〈姚滴珠避羞惹羞　鄭月娥將錯就錯〉裡，凌濛初透過風趣的筆觸的渲染，捕捉了庸官的形象。這一卷裡的知縣大人，因審不出案情的結果，連原告也挨了板子：

> 那休寧縣李知縣，行提一幹人犯到官，當堂審問時，你推我，我推你。知縣大怒，先把潘公夾起來，潘公道：「現有人見他過渡的，若是投河身死，須有屍首，明白是他家

藏了賴人。」知縣道：「說得是，不見了（人）十多日，若是死了，豈無屍首蹤影？畢竟藏著的是。」放了潘公，再把姚公夾起來。姚公道：「人在他家，去了兩月多，自不曾歸家來，若是果然當時走回家，這十來日間，潘某何不著人來問一聲，看一看下落？人長六尺，天下難藏。小的是藏過了，後來就別嫁人，也須有人知道。難道是瞞得過的？老爺詳察則個。」知縣想了一想，道：「也說得是，如何藏得過？便藏了也成何用？多管是與人有姦約的走了。」潘公道：「小的媳婦，雖是懶惰嬌癡，小的閨門也嚴謹，卻不曾有甚外情。」知縣道：「這等敢是有人拐的去了，或是躲在親眷家，也不見得。」便對姚公說：「是你生得女兒不長進，況來蹤去跡，畢竟是你做爺的曉得，你推不得乾淨，要你跟尋出來，同緝捕人役五日一比較。」就把潘公子討了個保，姚公肘押了出來。姚公不見了女兒，心中已自苦楚，又經如此冤枉，叫天叫地沒個道理。只是帖個尋人招子，許下賞錢，各處搜求，並無影響。且是那個潘甲不見了妻子，沒出氣處，只是逢五逢十，就來稟官，比較捕人，未免連姚公陪打了好些板子。此事鬧動了一個休寧縣，城郭鄉村，無不傳為奇談。親戚之間，盡為姚公不平，卻沒個出豁。」

上述的糊塗官，幫助我們了解當時官吏的作風，以及審案時的敷衍塞責的態度。通過小人物的對話及他們的感受的描寫，嘲諷的意味就更加濃了。

同書卷六〈酒下酒趙尼媼迷花　機中機賈秀才報怨〉中的昏聵縣官，未查問事情的來龍去脈，就妄下判斷，殊不知殺人者另

有其人：

> 縣官升堂，眾人把卜良帶到，縣官問他，只是口裡「嗚哩
> 哲喇」，一字也聽不出。縣官叫掌嘴數下，要他伸出舌頭
> 來看，已自沒有尖頭了，血跡尚新。縣官問地方人道：
> 「那狗才姓甚名誰？」眾人有平日恨他的，把他姓名及平
> 日所爲姦盜詐僞事，是長是短，一一告訴出來。縣官道：
> 「不消說了，這狗才必是謀姦小尼，老尼開門時，先劈倒
> 了。然後去強姦小尼，小尼恨他，咬斷舌尖，這狗才一時
> 怒起，就殺了小尼，有什麼得講？」卜良聽得，指手劃腳
> 要辨時，那裡有半個字團圖。縣官大怒道：「如此奸人！
> 累什麼紙筆！況且口不成語，凶器未獲，難以成招，還大
> 樣板子，一頓打死罷。」喝教：「打一百！」那卜良是個
> 遊花插趣的人，那裡熬得刑慣，打至五十以上，已自絕了
> 氣了。……批云：斃之足矣！情何疑焉？

卜良雖是惡棍一名，但仍命不至於該絕，沒想到碰見這一名
庸官，百詞莫辯，而只得含冤負屈而死。

凌濛初在卷十一〈惡船家計賺假屍銀　狠僕人誤投身命狀〉
的一篇中，一開始便道盡官府裡審判制度的漏度百出，不平等現
象屢見不鮮及被審詰者所身受的傷害：

> 古來清官察吏，不止一人。曉得人命關天，又且世情不
> 測，盡有極難信的事，偏是眞的，極易信的事，偏是假
> 的，所以就是情眞罪當的，還要細細體訪幾番，方能毅獄
> 無冤鬼，如今爲官做吏的人，貪愛的是錢財，奉承的是富
> 貴。把那「正直公平」四字撇卻東洋大海。明知這事無可
> 寬容，也將來輕輕放過；明知這事有些尷尬，也將來草草

問我。竟不想殺人可恕，情理難容。那親動手的姦徒，若
不明正其罪，被害冤魂，何時瞑目？至於扳誣冤枉的，卻
又六問三推，千般鍛煉，嚴刑之下，就是凌遲碎剮的罪，
急忙裡只得輕易招成。攪得他家破人亡，害他一人，便是
害他一家了。只做自己的官，毫不管別人的苦，我不知他
肚腸閣落裡邊，也思想積些陰德與兒孫麼？如今所以說這
一篇，專一奉勸世上廉明長者，一草一木，都是上天生
命，何況祖宗赤子？須要慈悲為本，寬猛兼行，護誅邪，
不失為民父母之意，不但萬民感慨，皇天亦當佑之！

《兩拍》中揭示了縣門裡酷打成招的例子層出不窮，而嚴刑
逼供的官吏更是不可勝數。在書中，凌濛初除了勾勒出憑主觀審
案，先入為主的糊塗官的一副嘴臉外，對於酷吏虐政耿耿於懷，
而以更具體的例子來暴露衙門裡破綻百出，及犯人在精神上與肉
體上受到傷害的情形。

《初刻》卷十一〈惡船家計賺假屍銀　狠僕人誤投真命狀〉
裡的知縣明時佐，胡阿虎叫他驗屍，他便驗屍；要他請鄰里來對
質，他就請了「四鄰八舍」來，最後大家都說「有個薑客被王家
打死，暫時救醒，以後不知如何。」於是他聽信眾說，也不詳
察，就把主角王生打得皮開肉綻，死去活來：

胡阿虎叩頭道：「青天爺爺，不要聽這一面之詞，家主打
人自是常事，如何懷得許多恨？如今屍首現在墳苗左側，
萬乞老爺差人則去掘取，只看有屍是真，無屍是假。若無
屍時，小人情願認個誣告的罪。」知縣依言，即便差人押
去起屍。……知縣親自起身相驗，說道：「有屍是真，再
有何說？」正要將王生用刑，王生道：「老爺聽我分訴，

那屍骸已是腐爛的了，須不是目前打死的。若是打死多時，何不當時就來首告，直待今日？分明是胡虎那裡尋這屍首，霹空誣陷小人的。」知縣道：「也說得是。」……胡阿虎道：「……老爺若不信時，只須喚那四鄰八舍到來，問去年某月日間，果然曾打死人否？即此便知真偽了。」知縣又依言。不多時，鄰舍喚到，知縣逐一動問，果然說：「去年某月日間，有個薑客被王家打死了，暫時救醒，以後不知如何。」

到底薑客是生是死？知縣卻不追究，而問起王生，他又支吾以對，至此王生殺人一事，知縣也就更加深信不疑了：

知縣道：「情真罪當，再有何言？這廝不打，如何肯招！」疾忙抽出簽來，喝一聲：「打！」兩邊皂隸吆喝一聲，將王生拖翻，著力打了二十板。可憐瘦弱書生，受此痛棒拷掠，王生受苦不過，只得一一招成。

王生被判入獄，差些斷送了一條命：

王生在獄中，又早懨懨的挨過了半年光景，勞苦憂愁，染成大病。劉氏求醫送藥，百般無效，看著待死。

最後，總算真象大白，薑客並沒有被打死，王生雖被釋放，但在肉體上和精神上所受的損傷，卻已無法彌補。故事結束的部分，作者直率地勸戒「為官做吏的人，千萬不可草菅人命，視同兒戲。」同時他又以詩句說明酷刑的枉人：

圄圄刑措號仁君，吉網羅鉗最枉人。

寄語昏污諸酷吏，遠在兒孫近在身。

官場中的生活可說是凌濛初熟悉的一個層面。經過他的刻意觀察及悉心經營下，庸官們的原形畢露，他們的言談舉止，顯得

十分可笑，而對小人物遭遇的描寫，越發彰其昏庸本色，令人覺得可恨。

　　對於官吏的素質低落，嚴重地影響吏治的問題，凌濛初在卷二十二〈錢多處白丁橫帶　運退時刺史當稍〉裡，指出捐納制度是導致此種弊病的主要原因之一：

　　包大道：「如今朝廷昏濁，正正經經納錢，就是得官也只有數，不能勾十分大的。若把這數百萬錢拿去，私下買囑了主爵的官人，好歹也有個刺史做。」七郎吃一驚道：「刺史也是錢買得的？」包大道：「而今的世界，有什麼正經？有了錢，百事可做。豈不聞崔烈五百萬買了個司徒麼？而今空名大將軍告身，只換得一醉。刺史也不難的，只要通過得關節，我包你做得來便是。」

　　接著，張多保又道盡了納錢得官的人的心態，他們都是一班一心鑽營，借官府以括取民脂民膏之徒，根本就沒有把百姓福利，國家利益放在心上，他們出仕的動機全為滿足他們的虛榮心及中飽私囊的慾望：

　　多保道：「而今的官，有好些難做。他們做得興頭的，多是有根基，有腳力；親戚滿朝，黨與四布，方能勾根深蒂固，有得錢賺，越做越高。隨你去剝削小民，貪污無恥，只要有使用，有人情，便是萬年無事的。兄長不過是白身人，便弄上一個顯官，須無四壁倚仗，到彼地方，未必行得去。就是行得去時，朝裡如今專一討人便宜，曉得你是錢換來的，略略等你到任一兩個月，有了些光景，便道勾你了，一下子就塗抹著，豈不枉費了這些錢？若是官好做時，在下也做多時了。」

當時的官場可說是紛繁複雜，五花八門。除捐納的官吏縱橫宦海外，還有得到貴戚顯官包庇，躋身官場的人物，以及勾搭政黨，而登上政治舞臺的角色。晉身仕途的途徑無奇不有，良莠不齊，魚目混珠的例子更是不計其數，以致弊病叢生，延誤政事，禍國殃民。

通過了上述的故事，作者暴露了明代官吏素質的低落原因，同時也指出了吏治不振的癥結所在。

第五節　家庭倫理與社會規範

凌濛初在《兩拍》中灌注了人性的情操、生命的精神及社會的普遍意義。他不但繼承了傳統的精神，另一方面作者也汲取了民間俗文學的精華，並從中找尋共通的通道。以文化的繫帶將來源廣闊、出現在不同時代的故事連接起來。同時，凌氏作品的意義在於它使我們了解明代人民的心靈狀態，生活環境和社會的價值觀念。

在任何社會裡，家庭的組織與生活可說是了解整個社會的基本要素。每個家庭的種種問題和種種變化，都構成了社會裡特定時空的諸般現象。家庭中的人際關係、思想和人們的感受及反應，都蘊藏著鮮明而濃厚的時代性和社會色彩。

父系制度是中國家族的特質。在家裡裡，男性的權威是最高的，權力也幾乎是絕對的、永久的。父祖在舊中國家庭裡舉足輕重：

> 中國的家族是父權家長制的，父祖是統制的首腦，一切權
> 力都集中在他的手中，家族中的所有人口──包括他的妻

妾子孫和他們的妻妾，未婚的女兒孫女，同居的旁系卑親屬，以及家族中的奴婢，都在他的權力之下，經濟權、法律權、宗教權都在他的手裡。經濟權的掌握對家長權的支持力量，極為重大。……我們甚至可以說，家族的存在亦無非為了祖先崇拜。在這種情形之下，無疑的家長權因家庭祭司（主祭人）的身分而更加神聖化，更加強大堅韌。同時，由於法律對其統治權的承認和支持，他的權力更不可撼搖⑪。

每一家庭都由家長執掌大權，而子孫在成長之後也不能獲得獨立和自主的權力。一旦子孫不遵約束，違犯了父母的意志，父母可以行使權威加以懲責。這種權力是社會認可。在法律方面，執政者也賦予父親懲治兒女的權力：

答怒廢於家，則鑒子之過立見，刑罰不中，則民無所措手足，治家之寬猛，亦猶國焉⑫。

同時，父母還可以將不肖子孫送官嚴辦，由法官或縣司審判及懲治；例如在《唐律疏義》中《鬥訟》，《宋刑統》的《鬥訟律》，《明律例》也有這方面的記載，輕者剖杖，重者死罪。《初刻》卷十三〈趙老六舔犢喪殘生　張知縣誅梟成鐵案〉中嚴老被兒子打落門牙後告到官府，知縣將他的兒子責杖了事。同卷裡的趙老六，他被兒子和媳婦虐待，以致沒錢還債，被債主頻頻追逼。在無可奈何之下，摸黑到兒子房中偷東西，兒子誤以為盜，用斧頭將他砍死。結果兒子趙聰被判死刑：

趙聰殺賊可恕，不孝當誅！子有餘財，而使父貧為盜，不孝明矣！死何辭焉？

這種「以子殺父」（《初刻》卷十三）的行為是社會和法律

所不容許的，因此執政者在法典條文裡，立下了刑罰來懲治不孝子孫。

凌濛初在《初刻》卷十三裡，一開始便指出父母養育子女的深恩，並且痛責不孝的行為：

> 話說人生極重的是那「孝」字，蓋因為父母的，自乳哺三年，直盼到兒子長大，不知費盡了多少心力！又怕他三病四痛，日夜焦勞；又指望他聰明成器，時刻注想。撫摸鞠育，無所不至。詩云：「哀哀父母，生我劬勞。欲報之德，昊天罔極！」說到此處，就是臥冰哭竹、扇枕溫衾，也難報答萬一。況乃錦衣玉食，歸之自己，擔飢受凍，委之二親。漫然視若路人，甚而等之仇敵，敗壞彝倫，滅絕天理，真狗彘之所不為也！

另外，在卷十七〈西山觀設篆度亡魂　開封府棺追活命〉裡，也反映了法律對父母權威的保障：

> ……達生疑心，開了門，只見兩個公人一擁入來，把條繩子望達生脖子上就套。達生驚道：「上下，為什麼事？」公人罵道：「該死的殺囚！你家娘告了你不孝，見官便要打死的。還問是什麼事？」

同卷：

> 吳氏道：「小婦人丈夫亡故，他就不繇小婦人管束，凡事自做自主。小婦人開口說他，便自惡言怒罵。小婦人道是孩子家，不與他一般見識。而今日甚一日，管他不下，所以只得請官法處治。」

除了強調為人子女者必須要有孝心之外，凌濛初對於「悌」的行為也加以表揚。這可從凌氏批評兄長欺心的事件中，看出他

極重視維護整個家庭的和諧和團結的這一股力量，以及兄長在這方面所扮演的角色。如在《二刻》卷四《青樓市探人踪　紅花場假鬼鬧》一卷裡，作者貶責張廩生說：

> 看官！你道人心不平！假如張廩生是個克己之人，不要說平分家事，就是把這一宗五百兩東西讓與小兄弟了，也是與了自家骨肉，那小兄弟自然是母子感激的。何故苦苦貪私，……不知驢心狗肺，怎麼生的！

在同書卷十〈趙玉虎合計挑家釁　莫大郎立地散神奸〉裡的莫大郎收留了庶弟，免除了一場訟爭。獲得太守的旌獎，又給他「孝義之門」的匾額。在這一卷中，凌濛初反映了社會對骨肉親情、兄弟和順及家庭諧和的重視。

在舊中國社會裡，女子是丈夫的附屬品，也是丈夫的資產。她們的命運操縱在丈夫手中。丈夫可將她們典質給人，成為人家的奴婢、妻妾或賣入青樓酒館，過著迎送的生活，毫無反抗的餘地。這主要是因為古代男性中心的社會裡，女卑於男的主觀意識作祟的原故：

> 男女之別，男尊女卑，故以男為貴⑬。

出嫁後的女子，由父權之下移交夫權，對於丈夫的意旨，她必須「必敬心戒，無違夫子」⑭。

> 這樣一來，她便永遠失去了保護自己人格的權力；例如《初刻》卷二〈姚滴珠避羞惹羞　鄭月娥將錯就錯〉裡與姚滴珠貌似的鄭月娥，就是「良人家兒女，在姜家秀才為妾，大娘不容，後來連姜秀才貪利忘恩，竟把來賣與這鄭媽媽家了。那龜兒鴇兒，不管好歹，動不動非刑拷打，我被他擺布不過，正要想個計策脫身」。被迫墮落於煙街柳

巷，沉淪於悲苦深淵裡的鄭月娥，她的遭遇委實可憐可嘆。

同書卷十六《張溜兒熟布迷魂局　陸蕙娘立決到頭緣》裡的陸蕙娘，因遇人不淑，被丈夫所逼，身不由己地參於詐騙的活動，在內省與自我的衝突中，她終於作出了明智的抉擇：

> 官人有所不知，你卻不曉得此處張溜兒是有名拐子，妾身豈是他表妹，便是他渾家。為是妾身有幾分姿色，故意叫妾賺人到門，他卻只說是表妹寡居要嫁人，就是他做媒……叫妾身只做害羞，不肯與人同睡，因受不人點污。到了次日，卻合了一夥棍徒，圖賴你姦騙良家女子，連人和箱籠盡搶將去。……妾每每自思，此豈終身道理？有朝一日惹出事來，並妾此身，附之烏有。況以清白之身，暗地迎新送舊，雖無所染，情何以堪！幾次勸取丈夫，他只不聽。以此妾之私意，只要將計就計，倘然遇著知音，願將此身許也，隨他私奔了罷。

張溜兒完全沒有理會妻子的感受，利用她來詐騙。陸蕙娘雖一度陷入義務與追求自我解脫的困擾情緒中，但是，在這複雜矛盾的情感狀態裡，她很快便能明辨是非，全心投注於追求未來的真摯感情生活。

《二刻》卷二十二〈痴公子狠使噪脾錢　賢丈人巧賺頭婿〉一文裡的姚公子，在「手裡罄盡，衣食不敷，家中別無可賣，一身之外，只有其妻」，所以心裡盤算「若賣了他，省去一個口食，又可得些銀兩用用。」這固然反映了舊家庭中丈夫有絕對的權力剝奪妻子的自由，為妻者毫無自主的權力可言。但是從另一

個角度來看,這意味著婦女的命運,受到舊社會制度的羈絆,始終處在不自由和不平等的地位。除了專心致力於家務的管理及生兒育女的職分外,別無任何權力可言。她們缺乏獨立的經濟能力和法律的保障,所以丈夫可以名正言順的休妻或毫無餘忌地將她們典賣。

這些被丈夫休棄或典賣了的婦女,一旦得不到丈夫的供養,頓時失去了依賴,感到茫然無所適從。加上她們甚少踏出閨門⑮,所以當她們投身於複雜多變的大千世界時,顯得孤立無援。在凌濛初筆下的這類女子,多是懦弱與無知,對於客觀的環境缺乏主觀的判斷和調適的能力,唯有隨波逐流,任人擺布,如《初刻》卷二裡的姚滴珠和鄭月娥就是屬於這一類型。

對於違反父母的意旨,冒險私奔的女子,凌氏透過她們的行為,給讀者傳遞了不同的訊息;這可以從《初刻》卷十二〈陶家翁大雨留賓 蔣震卿片言得婦〉裡看出作者態度上的不同。

這一卷入話中的曹小姐,約人私奔,錯約王生,深怕「醜聲傳揚」而跟隨了王生。同樣的,本事裡的陶幼芳,約了表親王郎私奔,王郎失約,在黑夜裡,她誤認蔣震卿為所約之人,最後「又不好歸去得,只得隨著官人罷。也是出於無奈了。」

身為女子,踰牆而出,做出「冒禮勾當」,在舊社會中勢必遭人非議,名譽掃地,而無地自容。凌濛初在小說中對於女性反抗婚姻和踰越禮法的行為採取了寬容與同情的態度;在《二刻》卷十一〈滿少卿飢附飽颺 焦文姬生讎死報〉一卷中,凌氏的這種態度可以進一步的得到肯定:

> 眼見得是負了前夫,得此果報了。卻又一件,天下事有好些不平的所在!別如男人死了,女人再嫁,便道是失了

節，沾了名、污了身子，是個行不得的事，萬口訾議，及至男人家喪了妻子，卻又憑他續絃再娶，置妾買婢，做出若干的勾當，把死的丟在腦後，不提起了，並沒有人道他薄幸負心，做一場說話。就是生前房室之中，女人少有外情，便是老大的醜事，人世羞言；及至男人家撇了妻子，貪淫好色，宿娼養妓，無所不爲，總有議論不是的，不爲十分大害。所以女子愈加可憐；男人愈加放肆。

這類題材，雖從現實中提煉，但是一經作者旳筆觸，卻演化成個人與社會衝突的局面。無疑的，這也是作者自我意識的發現。他對在追求自由與愛情的歷程中失敗的女主角寄予同情的態度，形成了自我與世俗普遍流行的道德觀念相抗衡的局面。與其陷入父母安排的婚姻，這一個已知的痛苦泥澤之中而自艾自怨，不如投奔於未知的瞻望和選擇。凌濛初所反映的正是女性敢於冒險，追求自覺與眞摯的愛情的果斷精神。

小 結

如果對作品的內容未能客觀的指出其內涵及透視它所蘊藏的現實社會縮影；則《兩拍》這部作品就無疑如魯迅所說的：

　　……然敍述平板，引證貧辛。……⑯

綜觀《兩拍》所呈現的龐雜內容，固然顯示出它受時空的限制，但是它所流露的卻是廣大民衆亙古以來的共同心聲。作品傳播了時代的意義和地域的特色，使我們彷彿聽到了中國古代社會的迴響。

在《兩拍》中，無可否認有些情節對於情慾律動描寫得十分狎猥，使人覺得與作品的格調頗不協調。由於這種黃色畫面的出

現而遭受許多學者的紛議，並且否定了這本小說的價值及其流傳的意義。

　　小說中的主角沉浸於冶豔鮮明的情慾圖繪中，雖然削弱了作品的嚴肅意味，且與作者的創作旨意相抵觸⑰。但是從另一個觀點來談，小說是根植於現實社會；這種情節反映了一種社會風氣，是長期生活於其中的小說作家的最直接與自然的表現。這可說是揭開了人性心靈的祕密及人生的真象。

　　況且在評論作品的思想和內容時，只執這一隅為評述的準繩，往往會因所見未全而不免有偏好之失之遺珠之憾。《兩拍》這部小說的思想和內容是多層面的、。在分析時唯有透過整體的表現來加以評述，才能窺見實體的涵意。同時也應從現代的立足點去省察傳統，去蕪存菁，才不至於捨本逐末，使我們與作品有了隔閡而忽略了它的精神和價值。

【附　註】

①　凌濛初《初刻拍案驚奇》序（香港：友聯出版有限公司，1966）

②　同上注。

③　凌濛初《初刻拍案驚奇》卷十七〈西山觀設籙度亡魂　開封府備棺追活命〉（香港：友聯出版有限公司，1966），頁 325-326。

④　凌濛初《二刻拍案驚奇》卷十八〈甄監生浪吞祕藥　春花婢誤洩風情〉（香港：友聯出版有限公司，1980），頁 399。

⑤　楊啟樵〈明代諸帝之崇尚方術及其影響〉，見《新亞書院學術年刊》第四期，1962 年，頁 71-147。

⑥　汪輝祖〈學治臆說〉下，〈敬城隍神〉，見《中國法律與中國社會》（北京：中華書局，1981），頁 256。

⑦ 凌濛初《初刻拍案驚奇》卷十四〈酒謀財於郊肆惡　鬼對案楊化借屍〉（香港：友聯出版有限公司，1966），頁 274。

⑧ 同上書，頁 275。

⑨ 《初刻拍案驚奇》與《二刻拍案驚奇》卷二十三的內容完全相同。

⑩ 同上注。

⑪ 瞿同祖《中國法律與中國社會》（北京：中華書局，1981），頁 5-6。

⑫ 同上書，頁 6。

⑬ 瞿同祖《中國法律與中國社會》（北京：中華書局，1981），頁 102。

⑮ 同上書，頁 103。

⑯ 魯迅《中國小說史略》第二十一篇（北京：人民出版社，1973），頁 172。

⑰ 凌濛初在《初刻拍案驚奇》序中曾表示「近世承平日久，民佚志謠，一二輕薄惡少，初學拈筆，便恩污蔑世界，廣摭誣告，非荒誕不足信，則褻穢不忍聞，得罪名教……」，所以也想模仿馮夢龍「所輯《喻世》等諸言，頗存雅道，時著良規，一破今時陋習。」

第四章 《兩拍》的藝術特色

第一節 形式與敘事手法

凌濛初的《兩拍》是根據前代和當代傳聞軼事敷寫而成。《兩拍》共八十篇,其中一篇重複,又有雜劇一篇,實有擬話本七十篇。

就其形式而言,它可說是完全模擬宋代話本,並非獨立自成一體。

最初的白話小說原是說話人演唱的腳本,其創作是以招徠德眾為目的。這種結構的特色和創作的目的都影響了後代白話小說的寫作。《兩拍》的形式最能說明這個問題。

話本故事的卷首,往往冠以「入話」。所謂「入話」,我們知道它又稱「笑耍頭回」或「得勝頭回」。「笑耍」是指正式做事開始以前的嬉謔性的,科諢性的短小故事或小插曲之類。這一類正文之前的小故事,是說話藝人為了招徠顧客,在聽眾沒有齊集之前的「墊場」。這種原來為「墊場」之用的「入話」和小說整體結構上的聯繫,「或取相類,或取不同」,「取不同者由反入正,取相類者較有淺深,忽而相棄,轉入本事,故敘述方始,而主意已明」①,用比興、映帶、陪襯等藝術表現方法,使入話成為整篇小說的有機部分。這種「入話」有的是詩詞,有的是歷史掌故,有些則是可以獨立成篇的小故事。它的作用就有如正文

的導論。最初原來爲「墊場」之用的「入話」，逐漸地影響小說的創作，爲後來小說家所承襲。明代「擬話本」作者，也大都採取了小說前冠以「入話」的結構，「入話」也就成爲古代白話短篇小說所普遍使用的體裁。

《兩拍》小說的卷首，作者往往冠以詩文或詞句。緊接在詩文詞句之後是一段所謂的「閒話」。在這段閒話中，作者抒發了個人的意見及闡明對故事中的人或事所採取的立場，有如正文的導論。

有些時候，銜接在詩文詞句之後的閒話被省略，而由一則或一則以上的故事來取代。作者往往採取與正文類似的小故事，以便「敘述方始，而主意已明」②，使到它和主要的故事互相映襯而烘托主題。

在「入話」結束後，又有詩、詞的出現，目的在於分隔開入話與正文。同時，也借此引出話本的主體部分。正文的部分採用散文和韻文兩種體裁。散文敘述事件發展的過程，人物的對話和心理的描寫也採用散文來寫作。韻文部分，包括詩詞、雜曲、駢詞和對語等則用來描寫景物，人物的狀貌，或是故事中說話人對事件發表感慨或詠嘆等。

在全篇結束時，也有一節韻文，用來歸納全文，提點主題，勸戒世人，以及作爲全篇說話的收場。

這種形式，說明了話本對初期短篇白話小說的形式具有顯著的影響。

入話的故事，簡單而短小，雖然它常是用以加強正文中所持的觀點，敘述者往往透過它來告訴讀者觀察正文時所採取的角度。然而，若就正文本身來觀察，我們不較發現有些時候，在正

文中並存著幾個重點。而入話則往往只強調其中的一點，這無形中影響了我們對其他重點的注意和對正文的評論。

討論了有關作品的形式問題之後，接著我們將探討《兩拍》作者敘事的手法。

由於凌濛初承襲了話本的形式和風格，因此我們在作品中經常會發現作者雖運用白話文寫作，卻夾雜了說書人慣用的術語如「且說……」、「話說……」和「這本話文……」等字眼。這都是《兩拍》與話本所共有的特點。

由於短篇小說的篇幅短小，因此它們所處理的，都是片斷的人生經驗，並試圖抽出某一敘事單元，在極短的篇幅中尋求結構上的統一。《兩拍》也不例外。

凌濛初在《兩拍》中刻意於創造一種情節聯貫的結構，以便首尾相應，產生一種藝術性的統一。作者試圖通過人生的離合、悲喜、盛衰等經驗來追求結構上的完整。小說家凌濛初在描寫人生的動態和變遷時，極力使人間經驗在小說中能夠連續；故事中的人物自不幸到幸福，好像《兩拍》裡的鄭舍人、陸蕙娘和程宰等人的遭遇，或自幸福到不幸，如姚滴珠、郭七郎等人的遭遇，其間必有必然的關聯。為了使經驗能夠連續，作者多採取直線型的發展。

這類單線式的寫作技巧，在故事中多以人為主，逐步推衍而出。首先為故事的開端，或為虛寫，或介紹人物。接著為故事發展的過程，埋下伏筆，匯成高潮，其間必有轉捩點。最後是水到渠成，故事圓滿結束。這是一種「起」、「中」和「結」等三段式的結構。

在高潮時，作者或採取逆轉，或採取懸宕等手法，使故事在

單線式的發展過程中，突出典型化的情節，並讓它居於凌駕統領全局的位勢，以消弭讀者與小說世界的隔閡和那種現實與超現實之間相對的形式。這種創作方式，令讀者感覺故事的真切，從而接受小說的涵意。今舉一例以概其餘。

《初刻》卷二十七〈顧阿秀喜舍檀那物　崔俊臣巧會芙蓉屏〉一篇中，作者先介紹人物登場：第一位是「家道富厚，自幼聰明。寫字作畫，工絕一時」的崔俊臣。其次是他的「少年美貌。讀書識字，寫染皆通」的妻子王氏。作者以介紹人物的登場作為故事的開端，以後的發展便圍繞在這一對才子佳人身上了。

序幕拉開之後，故事就開始發展。接著寫俊臣在船上遇盜，被迫投身水中，妻子被逼當強盜的兒媳婦。俊臣生死未卜。而王氏也假意應承強盜的要求，後來終於乘機逃脫，在尼庵中披緇削髮，一方面頌經度日，一方面想辦法報仇。有一天，仇家拿了由俊臣所繪的芙蓉畫，贈給庵主。王氏自此知道了仇家姓顧。並且題詞於畫上，盼望有心人究問根由，以雪冤仇。在這裡，作者埋下了日後夫婦重聚的導線。

接著寫高官高納麟無意間得到了芙蓉畫，將它掛在書房。有一天，他巧遇泅水逃生的崔俊臣，對他所賣的字十分欣賞，並邀他到書房傾談。崔俊臣在書房中發現了在船上被盜的芙蓉畫之後，睹物思人，悲從中來，遂將他的遭遇告訴高公。高公有意讓他夫婦相逢，將他留宿在高公館。

最後，由於得到高納麟的幫助而夫婦團圓，並將不法之徒繩之以法，報了冤仇。

如同《兩拍》裡的許多故事一樣，崔俊臣的這篇小說的線索單純清晰。情節按照著開端、發展、高潮、結局四部分自然順

序，一環扣一環，層層發展下去，集中地刻劃主要的角色。除了主要人物之外，其他的人物都是起著陪襯和烘托的作用。所以主題能夠突出，增加了敘事主線的鮮明性。

小說到了明代，雖不再訴之於聽覺，而是要來閱讀，可是它仍因襲著前人寫作的方式。例如，在《兩拍》中，可以看出它講求故事完整，情節連貫，意象明朗和頭緒簡潔，而且也不用倒裝手法，只是逐步的推演故事。這都是由於早期話本為適應聽眾的要求而忌用跳躍式的表現方法和衝突交疊進行的結構。忌用倒敘手法，則聽眾可以直接理解內容，並使故事連貫，達到說話人預期的效果。這類的敘事架構，構成了《兩拍》的全面布局。然而，不同的是，由於小說的語言是以供閱讀為主，所以對景物的細緻描寫，較複雜的心理刻畫和不容易上口的長句在小說中都是容許的。反觀話本，其語言必簡短易懂，不容易上口的句子，也就不容許了。

以短篇小說而論，在極有限的篇幅中，要表現宇宙間的萬事萬物和無限的時空流轉，並非易事。所以，在先天上就有使它走上象徵藝術的道路，將人生社會中各色人物予以類型化，讓小說中人物角色來扮演。這種將角色類型化的手法含有象徵和褒貶的意味。例如《初刻》卷一裡文若虛代表了明代靠航海發跡的小商人。同書卷八裡的烏將軍，代表了有道之盜。《二刻》中卷十一裡的滿少卿，代表了薄情寡義的男子。這些人物都是現實中具體形象的類型。

不過，在《兩拍》中，這種刻劃人生百態的方式，比起話本來，可說是向前邁進了一步。在典型情節中，那一剎那的捕捉，透過象徵的意義，活躍於其中的人物，也就一一呈現出其俗世的

面目及對人生的看法。而且，由於凌濛初往往是從倫理教化的觀念出發，所以小說中人物的思想感情或心理活動，都顯得較爲單純。例如《兩拍》的《初刻》卷十三裡，作者爲了突出趙聰的不孝，給於譴責，所以觸筆集中於刻劃其不孝的言行，其他性格的特點，則略去不提。又如卷十八裡，凌濛初爲了使主題深刻，強調煉丹者的自欺欺人，小說的發展只環繞在潘姓富翁身上，寫他如何受了煉丹者的欺騙，又怎樣去欺騙別人，以致被揭發之後，無地自容。小說家的這種表現方式，使得人物的思想和性格顯得單純。

作者在小說中，化身爲「說話人」，以一個全知全能的敘述者的姿態出現，並以全知的觀點來敘述故事。

說話人注意著人物的活動，也注意一切事情的發展，他無所不知，也無所不談。舉凡故事的背景，人物的出場，人物性格的發展和情節的變化，都由他一手安排。

同時，說話人獨具「神眼」，居高臨下，俯視著小說世界，透視小說人物。他進入人物的內心，窺探他們的心理活動，竊聽他們內心的剖白。說話人的能力經常發揮至最大的限度，甚至有時候我們雖然看不到說話人的出現，卻能感覺到他的存在。

雖然說話人在故事情節的發展中扮演著重要的角色，但是，他卻不忘了賦予故事中人物更多現身說法的表演機會。這樣一來，讀者除了通過說話人的口中，見到了廣闊的活動面和人物具體的表現之外，也讓人物各自保有自我的獨立性。由此可見，說話人既能以超人和全知的力量來俯視整個小說世界，又能拉近與人物的距離，使得他們顯得眞實，有血有肉。這種奇異的渾溶，在一遠一近的交疊之下，展現出蘊含在其中的小說技巧。

除此之外，作者所要表現的題旨，也非常隨著說話人講故事時所選取的觀點和角度，顯現在讀者眼前，以使讀者作出適度的配合。這充分說明了說話人在小說中所起的積極作用。

凌濛初在《兩拍》這部作品中，也擴大了浪漫主義和現實主義兩者的天地。更進一步的探測了人生的諸面相。在《初刻》原序中，他提到故事是「其事之眞與飾，名之實與贗，各參半。」③；這說明了小說不一定是完全是眞事，也不全是虛構的假事。作者「以實作虛」，一方面有所憑藉，一方面又可以酌意抒寫，也有「以虛作實」，一方面有所想像，一方面又可揣摩人情物理。這表現了小說作家已擺脫了眞人眞事的束縛，而活動於自由廣闊的創作天地。

在《兩拍》序文中，凌氏已確認文學是一種藝術，是想像的、虛構的藝術，因此，它可以超越時空；然而它終究得訴諸人人共同具有的普遍人性，直接地感受，在感受中感動，在感動裡認知。所以他在《二刻》序裡說：

> 其間說鬼說夢，亦眞亦誕。然意存勸戒，不爲風雅罪人，
> 後先一指也。

總的來說，《兩拍》的形式深受話本的影響。他讓說話人活動於人物與作者之間，處於居間的位置，竭力地宣傳他的道德箴言。作者並不去逼近地揭開蒙住故事中人物面前的一層外幕，呈現人物複雜微妙的心理動態，而是與讀者站在一定的距離，通過說話人來傾聽人物互訴或自訴內在的矛盾。單線式的簡單結構，保有了故事基本的完整性；而以一人的遭遇爲主體，在時空上達到了布局的統一。

第二節　情節的奇巧

　　中國古典小說，對於故事的情節、結構十分講究，強調故事的有頭有尾，前後呼應。這就需要在情節的安排上巧下功夫，使到故事曲折離奇，搖曳多姿，跌宕起伏，引人入勝。

　　《兩拍》無論在形式上，寫作技巧上，或是語言的運用上，均可以看出它汲取宋代話本創作特點的痕跡。因此在《兩拍》的短篇作品中，大多以一人一事為主線，首尾貫串一氣。這主要是由於線索的單純清新，更能突出中心，使情節急速地按照開端、發展、高潮和結局四部分的自然順序，一環扣一環，層層發展下去，增強了內容的故事性。

　　在《二刻》小引中，凌濛初曾表示他創作《兩拍》的目的之一，是在讓讀者閱畢每一卷後，拍案稱奇：

　　　　同儕過從者索閱一篇，必拍案曰：奇哉所聞乎！

　　顯而易見，《兩拍》中小說的取材，正合乎「奇」的標準。所謂「奇」的表現手法之一，即是由宋代說書人所運用的「巧」蛻演而成。宋代說書人將故事的內容，安排得極盡「巧」之能事，以吸引聽眾，膾炙人口。凌濛初化「巧」為「奇」，經過點染加工，製造和利用奇巧來增加故事的曲折性和趣味性，使它們更富於吸引力，並且匯入自己的立身說教，以求達到道德勸化的目標。

　　通過小說的故事內容和情節，來透視小說中「奇」的表現，將有助於了解其蘊義和涵蓋本書的寫作技巧。綜觀小說中「奇」的表現不外乎兩種方式：

(1)為文構思之「奇」。構思之「奇」以情節曲折及高潮迭起取勝，讀者讀來，聽者聽來，如醉如痴欲罷不能④。

(2)後者則類似「無巧不成書」的「巧」。此「巧」在於扭轉故事情節的轉捩點，由悲轉歡，由離轉合，泰半操之於「巧」的安排⑤。

構思之「巧」，特別是表現在婚姻故事裡更為普遍。例如《初刻》卷十〈韓秀才乘亂聘嬌妻　吳太守憐才主姻簿〉裡的韓子文雖有滿腹才華，卻因家貧而尚未娶妻。央媒提親時，對方卻要等他考了優等，才答應婚事。後來因為監考的梁宗師貪財，接受了別人的賄賂，而使子文名落孫山。婚事因此告吹了。過了一年餘，謠傳朝廷點繡女，民戶深恐女兒被點中，一時嫁娶之風大盛。韓子文也因此而與金朝奉之女定下了婚約。漸漸地，點繡女的訛傳平息了，金朝奉也有了悔婚之念。正巧此時金朝奉的舅子帶了十七八歲的兒子同來。兩人合計告到官府逼子文退婚，殊不知人算不如天算，主判官吳太守憐才，韓子文終於得與金女成婚，金朝奉落得賠了夫人又折兵。最後以子文得官告終。

整個故事的變化，是以韓子文才高自恃及憧憬幸福作為序幕。接著這個自以「博覽五車」而感到自負的韓子文，偏碰上只愛「財」，不愛「才」梁宗師。親事因此告吹，見到舊日處館的主人及學生也面紅耳赤。

正當他處在窮途末路及生活情調低沉時，訛傳點繡女一事，讓他意外地訂了婚約。跟著，故事的發展突然一轉，帶出了金朝奉的舅子，因為他的介入，告官及吳太守的出現，玉成姻緣，才得早日共偕白首。故事一波三折，全靠「巧」字推波助瀾，情節變化起伏，故事顯得蜿蜒曲折，但卻帶來了圓滿歡樂的結局。

　　《初刻》卷十二《陶家翁大雨留賓　蔣震卿片言得婦》及《二刻》卷三〈權學士權認遠鄉姑　白孺人白嫁親生女〉及《二刻》卷九〈莽兒郎驚散新鶯燕　㑉梅香認合玉蟾蜍〉等篇則以巧合之「巧」見稱。這種巧合是如此的出人意外，然而情節雖然處處貫串了巧合，但卻發展得順理成章，處理得合乎情理。

　　在卷十二裡，蔣震卿偕友出遊，避雨陶家，戲言說是到了岳父家，被拒於門外，兩位朋友則被邀到陶家做客。陶家小姐因不願下嫁於瞎了眼的未婚夫，約了表哥王郎在那一天的晚上私奔。蔣震卿在屋外感到無聊，正想舉步時，陶家小姐誤認蔣為表哥，緊跟在他的後面。在月色中，蔣震卿卻以為小姐和丫鬟是兩位友人，醉飽出來與他一起回家。最後，才覺察彼此都誤認了對方。機緣巧合，蔣震卿娶得了陶家小姐為妻，應驗了戲言。這種偶然性的遭遇，經過作者巧妙的安排之後，便成了自然的發展，顯得合乎邏輯。

　　在〈權學士權認遠鄉姑　白孺人白嫁親生女〉的故事裡，權文長則因一個舊紫金鈿盒兒締結了一段良緣。故事的主人翁，權文長得到金鈿盒兒後，無意間發現了婚書。正巧家中傳來了髮妻逝世的消息，他帶著沉重的心情回鄉。為了排解心裡的煩悶，於是他到吳門一遊，在月波庵他巧遇婚約的女主角徐丹桂，他假冒婚事的男主角白留哥之名，遂如願以償，和丹桂成了親。

　　另一篇以「巧」合之「巧」作為引線，貫穿全局的是〈莽兒郎驚散新鶯燕　㑉梅香認合玉蟾蜍〉。鳳來儀在花園中與楊素梅有一面之緣後，便朝思暮想。後來得到丫鬟梅香的安排，鳳來儀與小姐素梅定下了約會的日子，並以鎮紙的玉蟾蜍相贈。到了約定的那天晚上，正等著共成好事時，竇家兄弟正巧此時送了親友

上京回來，強拉鳳生去喝酒，鳳生迫於無奈，只得跟他們同去，結果好事被攪開了。事後，素梅被接到馮家外婆那裡居住，鳳來儀也到金家舅舅家裡。二人別後，家人各自爲他們定下親事。在二人正爲婚事感到憂愁的時刻，婢女龍香在素梅的聘禮中發現了一只玉蟾蜍，與鳳來儀送給小姐的正好成對。這意外的發展，使得素梅見到了一線生機，急喚龍香前往金家查探，終於發現原來素梅所訂下的金家公子，就是鳳來儀。這段糾葛總算解開了，愛情的煩惱也因此煙消雲散。

　　在作品中人事關係複雜，頭緒紛繁，巧合的安排有助於剪裁事件，牽引人物，使得結構緊湊，人物的性格不致於被掩沒在大量的瑣事中，形象也就能夠突出地呈現在讀者面前。

　　以上的三篇作品，情節的推展，節奏的交替，完全牽繫於巧合的安排。巧合的安排形成情節布局的基本架構，順著情節的發展，使一切出人意表的偶然因素，都成了合理的安排。這種在人們情理之中的巧合，並不使人感到突然和荒謬。相反的，巧合的布局，爲後來大團圓的結局伏下重要的線索，並在最後描繪出一幅圓滿的喜劇圖畫。

　　除了以「巧」的創作方式來表現「奇」之外，懸疑氣氛的營造，也使得「奇」的特點在情節的布局上流露無餘。《初刻》卷十一〈惡船家計賺假屍銀　狠僕人誤投眞命狀〉一文裡，寫王生與薑客議價不協，出手傷人，致使薑客跌暈過去。王生將他救醒後，贈以白絹一匹，薑客告別上路。不久，船家周四拿了白絹和薑客的竹籃來找王生，並告訴他薑客死了，在臨死之前，托他告官，說是被王生所傷，並說薑客的屍骸尚在船中。王生驚魂甫定，給了船家一包銀兩，囑他不可洩露此事。然後，王生帶了家

人胡阿虎等人，將船上屍骸埋好，神不知鬼不覺。過了一些時候，王生的女兒長了痘子，他命胡阿虎到三十里外接大夫時，阿虎因醉酒而誤事。王生的女兒因延醫而一命嗚呼。王生夫婦因痛惜獨女延醫病死而竹杖阿虎，並將他趕走。阿虎懷恨在心，將王生打死薑客一事告發。王生被判入獄並染成大病，眼見死神即將來臨時，呂姓薑客忽然出現，並上堂作證，揭發了船家貪財詐騙之事。結果船家周四與胡阿虎終於被斥杖至死。

這篇故事以王生怒打薑客作爲開始。第一個高潮是薑客的昏倒而生死未卜，讓人擔心王生惹上了人命官司，然後薑客甦醒，安然離開。這一個高潮消沉之後，另一個緊跟著出現；船家周四出現，以竹籃白絹爲證，訛傳呂薑客的死訊。王生以錢財買通，並掩埋了屍骸。第二個高潮平伏了。第三個危機顯現了；家人胡阿虎醉酒延誤，王生女兒病死，胡阿虎被杖責後怨恨告官。這個高潮較前兩個更加洶湧，如浪如濤，似乎即將主角淹沒。故事發展到此，挑引了讀者的興趣，也就自然地順著情節的推動來探察，爲心中的疑慮找出答案。經過高潮的起伏，布局的奇特，製造了懸疑的氣氛，推向高潮的頂峰——薑客的出現，直到捉拿歹徒一一歸案，故事才告終結。高潮之前所布置的情節一個緊接一個，銜接得極其緊湊自然，懸疑節奏譜得合情合理，其間互相牽連，使人目不暇及。在一連串驚濤駭浪的危機中，救星及時出現，拯救了無辜的王生。

除以上所提到的，有關於「奇」的表現手法外，《兩拍》故事裡的神話情節，也詮釋了凌濛初在序文中所提到的「奇」的涵意。通過神話世界裡的變幻詭異，喚出了驚奇的情緒，創造了戲劇趣味，使得奇的構想發揮得淋漓盡致，饒富意趣。

　　《二刻》卷十一〈滿少卿飢附飽颺　焦文姬生讐死報〉這篇裡的滿少卿，投靠族人不著，偏逢大雪，飯錢及住宿旅店的錢沒法償還。正當山窮水盡，放聲大哭之時，驚動了焦大郎。大郎一念之仁，不但給了他飯食，甚至還贅他爲婿。到了選考之期，焦大郎將膏腴之產盡數賣掉，以讓滿文卿上京趕考。少卿別了焦大郎及文姬父女上京赴考，終於考中，被授任爲臨海縣尉。本打算到鳳翔與岳父與妻見一面的滿少卿，拗不過族兄的邀請而回到了家鄉。到了家鄉，身爲族長又貴爲顯官的叔叔，爲少卿訂下了朱從簡的次女爲妻，少卿最初仍然猶豫不決，不知應否向叔父提起焦家的婚事，後來聽說朱家是官宦人家，小姐生得好模樣。於是念頭一轉，隱瞞了焦家之婚事，娶了朱家小姐。不知不覺過了十年，少卿出知齊州，遇見了焦文姬及丫鬟青箱，少卿不得已將已娶朱氏一事告知。文姬表示願爲側室，侍侯朱氏，一夜少卿到焦氏房中過夜，到了第二天早上，日上三竿仍未見他起床，房裡也毫無動靜。朱氏帶著家人撥開了一垛壁，驚見少卿口鼻皆流血，且氣絕多時。那天夜裡，文姬的鬼魂來見朱氏，傾訴少卿一別十年，負情絕義，使得她憂悒成病而逝世，她死後到冥府投訴，獲准帶少卿到地府作證。現在已遂所願，所以特向朱氏告別。朱氏自知少卿之過失，無從怨恨，只得扶柩南還。

　　作者寫焦文姬死後化鬼復仇，敘述了死亡之後的生命，雖然穿插了神話，但情節的推展卻是合乎理性，一點也不荒謬。蕉文姬的悲劇是由滿少卿一手所造成的，但是實際上又缺乏切實的訟案可控訴，並超越了有形的法律的能力，只能指控於人的良心。在失望之餘，作者製造出神話情節來激勵我們的良知，使我們欣然應和，並進而思索它的含意。故事發展到中途，就已充滿了詭

謠和暗示意味，為神話情節的煞尾，安排了出人意表的結局，令讀者獲得不可言喻的滿足。

凌濛初雖然以「奇」的創作手法來概括及作為《兩拍》寫作技巧的核心，然而環繞著這個核心的是繁富多變的情節。這些情節的設計，使得「奇」的特點，在頗為現實的氣氛中開始展現。「奇」的情節的出現，總是伴隨著相應的環境和條件，幻想世界與現實世界相結合的情節也總是遵循著人物性格的發展及現實生活的邏輯。因此讀者在理性上不得不承認這些情節的實在性，接受了「奇」的托喻，牽引出順應俗民道德觀念的道德規條。

第三節　喜劇氣氛的營造

所謂喜，無非是否極泰來，功成名就，骨肉夫妻團圓的喜悅⑥。

凌濛初雖在《兩拍》裡呈現一個缺陷處處的世界和人生種種羈心絆意的事和情，但是他也熱烈的昭示生命的喜悅及布置了超越人生的蒼白和黑暗的喜劇氣氛。它所蘊含的就是所謂的喜劇意識和喜劇精神，並且透過此種精神傳遞極其濃烈的道德意識。

在許多篇故事裡，結局總是皆大歡喜。其過程也往往由憂愁轉變為歡欣，由曲折轉變為順暢，由失意轉變為成功，氣氛的熱烈與浪漫，節奏的輕快活潑和語調的帶著戲謔與嘲諷，更增添了喜劇的濃度。這種喜劇模式和特徵，益發襯托出作者的喜劇視境。

例如在《二刻》卷一〈進香客莽看金剛經　出獄僧巧完法會分〉中，凌濛初用喜劇的色彩來綴染整個典當經書、得經、失經

及獲經的過程，終於失而復得，對於這部古跡墨寶的香山手鈔《金剛經》也就倍加珍惜。一波三折，一個又一個喜劇片斷的重演，使得眾僧也感染上濃厚的人間喜劇色彩。從這篇小說的「語氣」，我們能夠感覺出作者在寫此篇時的心情相當輕鬆。作者在文中，寫吳中大水，市面缺米，群僧飢腸轆轆的可憐相。然而，卻沒有讓讀者感覺氣氛的沉重。相反的，作者卻以輕鬆的筆觸來述說他們的故事。接著，借《金剛經》的典當過程，引帶出嚴都管、柳太守、辨悟及住持等喜劇角色的一舉一動，來彌補故事情節的單調和貧乏。故事結尾時，寺僧不但重獲經書，而且也解決了米荒的問題，呈現了喜劇性的結局。

在《二刻》卷八〈沈將仕三千買笑錢　王朝議一夜迷魂陣〉裡，凌濛初旨在勸戒世人勿為歹人所騙。篇中所用的也是喜劇手法及浪漫的筆觸，似真還假，使沈朝議如墮五里雲霧而自甘落入圈套。結果這個「自喜身入仙宮」的沈將士，終於在美人濟濟的天仙局裡，輸了兩千多兩銀子。在這之後，沈將士還頻頻上門邀賭，自始至終，他都扮演著一個痴心有趣的醜角，讓我們感應到強烈的喜劇效果。

作者除了在賭局外，布置喜劇氣氛之外，在煉丹製藥這類故事裡，也充滿了對人性貪婪及怕死貪生的戲謔，淹蓋了生命實體中存在的虛幻及死亡的悲劇氣質。例如《初刻》卷十八〈丹客半黍九還　富翁千金一笑〉裡的富翁，被騙的過程中，是一個可憐復可笑的人物。然而，他還執迷不悟，被人利用來欺騙他人，結果落得「倚著頭陀模樣，沿途乞化回家」，這也正是喜劇格調的表現。

愛情的喜劇也煥發在《兩拍》的一些篇章中，透過這些愛情

喜劇，凌濛初以絢麗的色彩來添加生命的甜美，加強生命的堅韌和旺盛。小說裡的愛情故事使喜劇的造型更爲突出，使得喜劇情神更玲瓏剔透地顯現在讀者面前。同時，作者也讓故事的主角與讀者，逃離了陝隘、陰暗的世界，棲息在一個旖旎與明媚的國度裡。

《初刻》卷九〈宣徽院仕女秋千會　清安寺夫婦笑啼緣〉故事中描述有關速哥失里和拜住的婚姻。原爲天賜良緣，不料好事多磨。男主角拜住在與速哥失里定親之後，家破人亡，只剩下他僥倖沒死。速哥失里的父母，逼她嫁給平章家，她因此在轎內縊頸自殺。拜住聞訊，急到寺中憑弔，速哥失里卻意外地復活過來，兩人成了夫妻。經過了速哥失里的一死又一生，最後得以和拜住重續舊約，融合了生與死，失敗的感傷和慶生的喜悅。

同書卷十〈韓秀才乘亂聘嬌妻　吳太守憐才主姻簿〉裡的韓秀才，一貧如洗而求妻不得，考試落第，塔然若失。忽然又因「點繡女」而佳偶天成，反反覆覆地環繞在定婚、賴婚和退婚上發展，喜劇情節應運而生，最終守得雲開見月明，得妻賜爵，皆大歡喜。

《初刻》及《二刻》卷二十三〈大姊魂遊完宿願　小妹病起續前緣〉的故事裡，凌濛初又再次以喜劇的手法和格調來經營和推動劇情的發展。首先是興娘的因痴病故，化爲麗鬼與崔興哥會面，實現了夢寐以求的願望，履行了婚約的諾言。這種背叛禮教的祕密活動使得二人獲得了眼前的幸福。然而，爲了求得永恆的幸福，興娘自願離開崔生，讓慶娘與崔生共偕白首，突破了沉重傷感的別離氣氛，慶娘美麗的倩影，愛情喜劇輕快的步伐將興娘離別歸亡的哀愁驅散得無影無蹤。

　　《二刻》卷十七〈同窗友認假作眞　女秀才移花接木〉中，作者用生動、活潑而略帶誇張的口吻，把整個故事，頗富喜劇意味地呈現在我們面前。小說由一支箭來貫串整個故事，先寫女主角蜚娥置身於不相伯仲的魏造與杜億兩位同學中，雖意屬後者，但仍難以取捨。後來射出的箭爲後者拾得而成了佳偶，遂了心願。同時，蜚娥與杜德又爲魏造當良媒，把景家小姐迎娶爲妻。

　　蜚娥與杜億在分開之後，又浪漫的邂逅，最後終於被杜億識破她是女扮男裝，彼此豁然發現存在於其中的喜悅，由眞誠深摯的感情促成了有情人共成眷屬，使得喜劇的寓意凝聚整個故事。

　　此外，《二刻》卷二十九〈贈芝麻識破假形　擷草藥巧諧眞偶〉，一開始凌濛初便以「萬物皆有情，不論妖與鬼」作爲喜劇輕快節奏的開始。男主角蔣生乍見馬家小姐後，朝思暮想，而終爲女狐探得，假托馬小姐的容貌，夜間與蔣生私會。後來終於爲蔣生識破。爲了報答蔣生，女狐施法使馬家小姐患病，並給蔣生靈草，使得小姐痊癒，下嫁給他。蔣生的鍾情和女狐的鍾意，終因女狐玉成而牽演出蔣生與馬小姐共結連理，有一個美滿的結局，帶給讀者輕鬆喜悅的氣氛。

　　綜觀《兩拍》裡的愛情故事，大都以喜劇收場。凌濛初對於故事中的情侶和戀人，都抱著同情的態度。在他喜劇性的人生觀的籠罩之下，男女主角最終都總能排除障礙，結局也總是彌漫著喜悅和諧的氣氛。

　　在《兩拍》中，作者所營造的喜劇氣氛，對作品中人物和事情的態度，揭示了凌濛初本身對命運和人生的喜劇視覺。這種喜劇性的人生視覺，散布在作品裡，透過此種觀點，投影在作品裡的是他對人的善意，對人生的同情。生活在作品中的主角們，在

陷入困境時，在危機的桎梏使他們瀕臨失望時，接踵而來的是旋轉乾坤，衝破危機，乍見光明，歡快愉悅的畫面，飄散著濃烈的喜劇氣氛。

《初刻》卷一〈轉運漢遇巧洞庭紅　波斯胡指破鼉龍殼〉裡的文若虛，被稱爲「倒運漢」實際上蘊涵了違反命運，扭轉乾坤的奇跡。由「一身落魄，生計皆無」的倒運漢，一變而爲「閩中富商」。文若虛這個喜劇性的人物，是個很能接受失敗事實的人，但他並不氣餒，因而不需要別人的憐憫。換言之，他是用一種喜劇態度來接受自己，接受現實和人生。所以，在坎坷的時候，能樂天知命，最終的奇跡，使他獲得了新生活。

又如《二刻》卷三十七《疊居奇程客得助　三救厄海神顯靈》的主角程宰，客居他鄉時，折了本錢，怕被鄉人笑話，所以不敢回鄉，流落他鄉，甚至想求一死。在這段期間，死亡的影子在他身邊幌蕩，居住在寒氣逼人的旅店。海神的出現，頓時使得滿室充滿了氤氳的氣氛，死亡的陰影煙消雲散，寒室一變爲「豁然開朗」的溫室。

這種扭轉乾坤，化腐朽爲神奇（文若虛尋獲的鼉龍殼，看似朽物，卻是有用之極）和化危機爲生機（程宰萬念俱灰而忽逢生機）的精神，是對人生美好憧憬的重現，也都是凌濛初的喜劇效果的高潮，它和主題所呈現的高潮互相呼應。

由於凌氏對人生的同情，對人的善意，使得他無法掙脫宿命論的觀念。他同情人們受到命運的撥弄，身不由己。加上對人的善意，使得他將懲罰惡人，獎賞善人的責任付托給超越人生現實的鬼神。這種「善有善報，惡有惡報」的喜劇報償觀念，在善與惡的衝突裡，有著普遍的意義。它不僅是應中國人的宇宙觀念與

宗教觀念而產生，同時也表露出中國人的信仰符合於因果報應，因而使得宇宙公理得以重申，社會正義得以恢復，國家秩序得以維護。因此，因果報應說的寓意，正與喜劇的精神相契合，並且把喜劇的意識表現得更為透徹。

在因果報應的範疇中，有德行的好人在故事終了時，總是屢次受到褒封且子孫繁衍不絕。相反的，若是無惡不作的壞人，則難逃厄運。就算現世沒有受到報應，來世卻一定受到懲報。這種善惡到頭終有報的觀念，使故事中人物的結局取決於其行為的好壞。這樣一來，故事中人物的結局正和讀者對他們的期望互相應和，使讀者感到滿足，並化解了他們對反面角色的仇恨。

《初刻》卷十四〈酒謀財於郊肆惡　鬼對案楊化借屍〉裡，楊化被于郊勒死後，棄屍海中，結果借李氏的身體還魂告官，冤情得以昭雪。于郊由於貪圖小利而殺害了楊化，以為沒有人會知道。楊化在遇害之後，以其不息的靈魂向于郊提出的挑戰和控訴，深具積極意義。

《二刻》卷十三〈鹿胎庵客人作寺主　剡溪裡舊鬼借新屍〉的劉念嗣，因妻子房氏改嫁，將他的財產席捲而去，致使兒子在外行乞度日，雖死而不能瞑目，所以借了別人的屍還魂，以申公理。終於如願以償，使房氏將席捲的財產歸還給兒子，自己的靈魂也得到了永恆的安息。這樣一來，不單是故事中的人物如其所願，連讀者的情緒也因天理昭然，壞人得到懲罰而獲得安撫，甚至情感也獲得了滿足。

另一方面，毛烈在《二刻》卷十六〈遲取券毛烈賴原錢　失還魂牙僧索剩命〉中，因欺人錢財而落得在陰府裡受罪，不得超生。故事中的智高，雖是出家人，卻與毛烈同謀，不過由於他陽

數未盡,被放回陽間。可惜他的屍身已被焚而魂魄無以爲依,只得到處飄蕩。主角陳祈雖回到了人間,然而由於欺騙自己兄弟的錢財而患了心痛症。爲此消耗的錢財比兄弟們還要多,家產也因爲這個原故而大減。故事裡死去的惡人,在地獄中被閻司治罪,活著的則受著現世的折磨,各得其所報,眞是大快人心。

除了對於惡人的懲罰之外,善人則有必要給於補償。補償的方式是多樣化的。這正合乎使「善惡到頭終有報,只爭來早與來遲」的思想意識。

在因果報應的觀念裡,補償的方式可以是活著的善人得到褒獎,死去的仁者則得到表旌或由其後人承繼他所應得的封賜。這種報償的觀念,除了是對公道的維護之外,亦是凌濛初喜劇觀點的具體表現。

例如《初刻》卷二十〈李克讓意達空函　劉元普雙生貴子〉的主角,接空函又義養孀孤的劉元普,他的善舉除了得到回報之外,還得到天庭的褒獎:「加官一品,壽益三旬」,又在晚年雙生貴子,得一佳媳。而且在死後赴任城隍。

現世與來生的報償都集中在他一個人身上。小說裡的裴安卿,一時仁念而招來殺身之禍。然而,這種現世生活的不幸是短暫的,在裴安卿死後,被天帝勅封爲天下都城隍,死後總算得到在生前應得的報償。這種死後或來生的報償,才是永恆的。有了這一信念,現在生活上的痛苦,也就可以忍受了。

元自實在《二刻》卷二十四〈庵內看惡鬼善神　井中談前因後果〉裡因繆千戶欠債不還,合家嗷嗷待哺,所以一氣之下,想將他殺了,復而又因一念之善而福神如影隨形。後來投井不死,巧遇仙道,避過了三年後的兵戈大戰。由於元自實前世的過失,

上帝使他在這一世失去了一切，但卻又因這一現世的善念而在對他考驗完畢後，給予報償，以慰撫受傷害的人，使人心得上平復。

綜觀凌濛初的《兩拍》，不難發現作品裡的喜劇意識和作品裡喜劇氣氛的營造。作品表現出喜劇性的人生視野，大部分的故事有著皆大歡喜的結局，或是一種忍受現世困厄，將希望寄託於來生幸福的信念。這使喜劇性的節奏與讀者的思想和願望成了交響，更使得他們眼見天理的昭彰，而獲得心靈上的寧靜和情感上的滿足。

第四節 人物的描寫

早期話本小說中的人物，一般上都是忠奸判然，善惡分明。這種近乎於規律化的表現方式，無形中削弱了人物形象的真實性。因此，遺留在讀者腦海中的往往只是人物的類別(types)吧了。

然而，作者的思想感情，往往通過所塑造的形象中表達出來。小說中塑造的形象，能夠幫助讀者了解作家對現實和人生的真正看法及作品的思想和意義。

人物描寫大體上可分為兩大類：第一種方法是直接描寫：即正面的描寫，這是對人物進行直接刻劃，包括肖像描寫、行動描寫、對話描寫和心理描寫。第二種方法是間接描寫：即側面描寫，這是對人物進行間接的刻劃，有時通過旁人或藝人第一人稱的角度來反映。這也包括環境的襯托及人物對比，互相映襯。

《兩拍》裡的人物，形形色色，不勝枚舉。不過經過凌濛初的匠心獨運後，人物的刻劃逐漸趨於多面性。這是早期話本所不

能相提並論的。

在凌濛初的作品中，甚少對人物作肖像式的描寫，對於人物的特徵，如容貌、衣著、體態、神情、氣派等往往略略一筆帶過。同時也沒有單獨描寫時代、社會和生活的實況。然而，在整個故事情節發展的過程中，人物的性格的鮮明特徵，卻通過一次又一次的矛盾鬥爭的敘述和描寫中，逐漸的顯現出來。而且，也通過具體人物的不同生活和遭遇，向整個社會伸展開去，勾畫出當時的政治、經濟和社會面貌。而環境和社會生活的整體畫幅往往是展現在適應於表現人物性格的故事發展和情節的變化裡。例如《初刻》卷一〈轉運漢巧遇洞庭紅　波斯胡指破鼉龍殼〉，表面上看來，似乎只是反映芸芸眾生中文若虛的生活遭遇，實際上卻說出生活落魂，生計無著的土民的內心感受及海外貿易的情形。在另一篇卷二十二〈錢多處白丁橫帶　運退時刺史當艄〉，作者雖然戲謔的語調來描寫郭七實買爵作官，最後落得在船上執艄度日的故事，卻反映了官制的腐敗和官場的黑暗。而在《初刻》卷三十九中，〈喬勢天師禳旱魃　秉誠縣令召甘霖〉，反映了民間的信仰習俗。

在凌濛初的筆下，每一個角色的出場和表現，往往是為了使故事的情節發展逐漸顯示給讀者。基於這個因素，作者下筆並不側重在靈魂的剖析，也不剖現人物的複雜精神狀態的特點，至多也只展示出人物的心理活動。儘管作者對於人物性格從來沒有做過什麼靜態的心理剖析，但是，由於人物的某種具體行動，是在人物某種思想感情的指導下，所以具體行動的描寫，正是表現人物性格的基本手段。這樣一來，讀者也就不會在印象中，混淆了人物的性格。

李希凡曾經指出：

　　……中國文學藝術的傳統，總是在「形似」的基礎上，特別強調「神似」，強調特徵的概括，突出重點⑦。

　　凌濛初對於人物的描寫，正如李希凡所說，「確實是缺少形似肖像的細緻的描寫」⑧，而只是粗線條的勾勒，但對於典型性格特徵的概括，則採用了「神似」的手法。

　　同時，基於話本小說的特點，出現在故事裡的人物的性格，乃順應情節的發展而展現。人物的描繪，也相應的在情節裡加以集中的刻劃，以期在這瞬息的性格描寫中，緊緊地吸引住聽眾的注意，扣住聽眾的心靈。因此，話本小說中的人物描寫，多避免大量介紹人物的外形肖像及連篇累牘的靈魂剖析。

　　不過，對於人物的描寫，並非簡單和粗疏到用逼幾張臉譜來概括，單純和洗煉的藝術表現，個性的顯露，富有特徵的細節，仍是可以看到的。

　　在《兩拍》中，雖仍有著說書人出現在一些故事裡，但是，作者已經將焦點轉移到人物的身上，並替劇中人設身處地思想，生動的揣摩他們的心理狀態及情緒的宣洩，增添了人物品質的真實性。這不僅寫出了人物個性的獨特性，也寫出了同一類型人物之間彼此的區別，更寫出了造成這些區別的社會原因和環境差別以及由此而引起的性格變化等。加上它刻畫的對象，不僅是知識分子和特權統治階級，它也包括了一切士農工商，販夫走卒，所以，表現的思想感情的幅度也較廣闊。

　　例如《初刻》卷三〈劉東山誇技順城門　十八兄奇蹤村酒肆〉裡的一段描寫，反映了人物行為的動機及心理變化。作者雖不作深刻的暗示，但文字起伏的節奏，卻構成一個有趣的寓意，

人物也顯得個性生動和豐滿，給予人深刻的印象：

> 當時有一個舉子，不記姓名地方。他生得膂力過人，武藝
> 出眾，一生豪俠好義，眞正路見不平，拔刀相助。……

接著，作者爲這個「豪俠好義」的舉子，安排了一個表現的機
會。舉子因住宿而聽到老婆子備受兒媳婦的氣，仗著一身的武
藝，他決定爲老婆婆出口氣；他說：

> 「我平生專一欺硬怕軟，替人出力。諒一個婦女，到得那
> 裡？既是媽媽靠他度日，我饒他性命，不殺他，只痛打他
> 一頓，教訓他一番，使他改過性子便了。」……舉子氣忿
> 忿的等著……說時遲，那時快，那舉子的馬在火光裡看見
> 了死虎，驚跳不住起來。那人看見便道：「此馬何來？」
> 舉子暗裡看時，卻是一個黑長婦人。見他模樣，又背了個
> 死虎來，忖道：「也是個有本事的。」心裡就有幾個懼怕
> 他。……婦人笑道：「老孃好不曉事！既是個貴人，如何
> 更深時候，叫他在露天立著？」指著死虎道：「賤婢今日
> 山中遇此潑花團爭持多時，才得了當。歸得遲些個，有失
> 主人之禮，貴人勿罪！」舉子見他語言爽愷，禮度周全，
> 暗想道：「也不是不可化誨的。」連聲道：「不敢，不
> 敢。」

舉子的畏懼情緒，並不是突然產生的，而是一點一滴匯集而
成。由於在高潮之前布下了伏筆，使得高潮的出現顯得合情合
理：

> 舉子乘間便說道：「看娘子如此英雄舉止，憑地賢明，怎
> 麼尊卑分上，覺得欠些個？」那婦人將盤子一搠，且不收
> 拾，怒目道：「適間老死魅曾對貴人說些甚謊麼？」舉子

忙道：「這是不曾，只是看見娘子稱呼詞色之間，甚覺較倨，不像箇婆媳婦道理。及見娘子待客周全，才能出眾，又不像個不近道理的，故此好言相問一聲。」那婦人見說，一把扯子舉子的衣褲，一隻手移著燈，走到太湖石邊來道：「正好告訴一番。」舉子一時間掙扎不脫，暗道：「等他說得沒理時，算計打他一頓。」只見那婦人倚著太湖石，就在石上拍拍手道：「前日有一事，如此如此，這般這般，是我不是？是他不是？」道罷，便把食指向石上一畫道：「這是一件了，」畫了一畫，只見他石皮亂爆起來，已自摳去了一寸有餘深，連連畫了三件，畫了三畫，那太湖石上，便似錐子鑿成一個「川」字，斜看來又是「三」字，足足皆有寸餘，就像鐫刻的一般。那舉子驚得渾身汗出，滿面通紅，連聲道：「都是娘子的是。」把一片要與他分個皀白的雄心，好像一桶雪水淋頭一淋，氣也不敢抖了。……舉子一夜無眠，嘆道：「天下有這等大力的人，早是不曾與他交手，不然性命休矣。」巴到天明，鞴了馬，作謝了，不再說一句別的話，悄然去了。自後收拾了好些威風，再也不去惹閒事管，也只是怕逢著唓嗻似他的，吃了虧。

舉子的好勝、自負和以路見不平，拔刀相助爲己任的豪邁氣概，給充分刻劃了出來。爲了要突出舉子的形象，所以對他如何一心爲老婦打抱不平，最後遇到強中手時，不得不改變初衷，就非進行具體細緻的行動描寫和心理刻劃不可。透過誇張的手法，情節的向前進展，使舉子的心理轉變及情緒反應，在故事中發揮了渲染氣氛的效用。由於通過動作來代指敘述，使得人物的動作

畢肖，表情淋漓，突出了人物的形象。如果把這一段的行動描寫簡化，或濃縮成幾句，草草帶過，不難想像，那勢必削弱對舉子內心矛盾及無可奈何心情的描寫。

在這裡所謂的動作，並不是指狹義的人物動作而已，而是包含了角色之間的對話、語調和一切表情傳意的舉動。把一個個細緻的動作、聲音、神態等先後給予刻劃，以這些來代替敘述的表現方式，維妙維肖，把故事氣氛渲染的十分逼真，主要在於使人物復活。姿式的浮現，語言的活潑烘托出人物的意態，創造了小說的生命與風格，在此特舉數例以見其一斑。

《初刻》卷二十三〈大姊魂遊完宿願 小姨病起續前緣〉中的男女主角崔生和興娘，性格的強弱不同，所反映的重心也有所偏向：

> 女子出纖手來取釵，插在頭上了，笑嘻嘻的對崔生道：「早知郎君拾得，妾亦不必乘唯夜來尋了。如今已是更闌時候，妾身出來了，不可復進。今夜當借郎君枕席，待寢一宵。」崔生大驚道：「娘子說那裡話？令尊令堂待小生如骨肉，小生怎敢胡行，有污娘子清德！娘子請回步，誓不敢從命的。」女子道：「如今合家睡熟，並無一個人知道的。何不趁此良宵，完成好事？你我悄悄往來，親上加親，有何不可？」崔生道：「欲人不知，莫若勿為！雖承娘子美情，萬一後邊有些風吹草動，被人發覺，不要說道無顏面見令尊，傳將出去，小生如何做得人成？不是一生行止多壞了？」女子道：「如此良宵，又兼夜深，我既寂寥，你亦冷落。難得這個機會，同在一個房中，也是一生緣分。且顧眼前好事，管什麼發覺不發覺？況妾自能為郎

君遮掩，不致敗露，郎君休得疑慮，挫過了佳期。」崔生見他言詞嬌媚，美豔非常，心中也禁不住動火，只是想著防禦相待之厚，不敢造次。好像個小兒放紙炮，眞個又愛又怕。卻待依從，轉了一念，又搖頭道：「做不得！做不得！」只得向女子哀求道：「娘子，看令姊興娘之面，保全小生行止罷。」女子見他再三不肯，自覺羞慚，忽然變了顏色，勃然大怒道：「吾父以子侄之禮待你，留置書房，你乃敢於深夜誘我至此，將欲何爲？我聲張起來，去告訴了父親，當官告你，看你如何折辨？不到得輕易饒你！」聲色俱厲。崔生見他反跌一著，放刁起來，心裡好生懼怕，想著：「果是老大的利害！如今既見在我房中了，清濁難分，萬一聲張，被他一口咬定，從何分剖？不若且依從了他，到還未見得即時敗露，慢慢圖個自全之策罷了。」……女子見他依從，回嗔作喜道：「元來郎君憑地膽小的！」……

　　人物與人物的交流思想，通過對話的描寫來直接表達出來。在崔生和興娘二人針鋒相對的對話中，崔生所表現的是消極的態度，興娘的態度則是積極的。興娘是單純、直覺和大膽；崔生則是複雜、修飾且拘謹。作者花費了這許多筆墨在於刻劃那一刹那之前的心理反應，其用意在於反映男主角對拒絕美色蠱惑時，究竟怎樣的遲疑與矛盾，以及最後怎樣妥協。這段心理的描述，使得故事效果迥然不同。

　　深入人物的內心世界，對人物在一定的環境中的內心活動的直接描寫，可以顯示人物當時的某種思想境界和精神面貌。其次來談《初刻》卷十二〈陶家翁大雨留賓　蔣震卿片言得歸〉裡的

一段描寫。現摘錄如下：

> 那蔣震卿被關在大門之外，想著適間失言，老大沒趣。獨自一個棲棲在門檐之下，黑魆魆地靠來靠去，好生冷落。一待一口氣走了去，一來兩黑，二來單身，不敢前行。只得冷氣吞聲，耐了心性等著。只見那雨聲漸漸止了，輕雲之中，有些月色上來，偷耳聽著門內，人聲寂靜了。便道：「他們想已安寢，我卻如何痴等？不如趁此微微月色，路徑好辨，走了去吧！」又一想道：「那老兒固然怪我，他們兩個便直得如此撇下了我，只管自己自在不成！畢竟有安頓我處，便再等他一等。」此在躊躇不定，忽聽得門內有人低低道：「且不要去！」蔣震卿心下道：「我說他們定不忘懷了我，」就應一聲道：「曉得了，不去。」過了一會，又聽得低低道：「有些東西拿出來，你可收拾好！」蔣震卿心下又道：「你看他倆個白白裡打攪了他一餐，又拿了他的什麼東西？忒然欺心！」卻口裡且答應道：「曉得了。」站住等著，只見牆上有兩件東西撲搭地丟將出來，急走上前看時，卻是兩個被囊。……蔣震卿走得少遠，心下想道：「他兩個趕著了，包裹東西，必要均分。趁他們還在後邊，我且開囊看看。總是不義之物，落得先藏起他些好的。」立住了，把包裹打開，將黃金重物另包了一囊，把錢布之類，仍舊放在被囊裡，提了又走。又望後邊兩個人，卻還未到。……走到面前，把眼一看，吃了一驚，誰知不是昨日同行的兩個客人，到是兩個女子。……蔣震卿上前，一把將美貌的女子劫住道：「你走那裡去！快快跟了我去，到有商量。若是不從，我

同到你家去出首。」女子低首無言，只得跟了他走。

作者透過人物——蔣震卿來直接現身說法，一種自我意識的表現來反映人類的本性和特定的處境中，人類的基本生存情境是道德與慾望的抗爭，否定與肯定的矛盾。

故事中環境的描寫，有助於加強渲染故事的氣氛，烘托出人物的思想性格，推動情節的發展。作者對蔣震卿在雨夜中的一段描寫，組成了故事情節的一部分，為後面的故事發展作了鋪墊。並且它把環境描寫與敘事揉合在一起，使敘事的線索發展得更迅速，增強了故事性。

劇中的蔣震卿，在雨夜被拒於門外，感到孤單與無奈，構成了情緒上的演變，在飢寒交迫之下，由無奈而轉為氣忿，由氣忿而轉懊惱，由惱轉怨，由怨轉恨。因此當他誤認朋友由陶家偷帶了財物出來時，心裡雖知這是欺心之事，不義之財，並且也否定了這種行為，但是在不滿與怨恨的交織之下，不自覺地採取了報復的行動。

在以上的一段故事中，作者運用了暗示的筆法，意味著蔣震卿阻攔陶家小姐，迫他同行是必然的發展。蔣震卿雨夜在陶家門外枯立，就有如處在一個被遺忘的世界，門裡門外的氣氛截然不同。四周孤寂寒冷的空氣，使他的孤獨感驀地甦醒過來。一種祈求溫暖的慾望，在冷空氣中飄蕩著。陶家小姐的出現，帶來了溫馨與希望。一旦這希望的火花重燃，則道德觀念就被慾望所征服而被棄置不顧了。

凌濛初描寫心理的手法，雖然只在於捕捉在某一處境中，人物心理和情緒的一剎那反應，使得他們的行為可以被理解。然而，如果缺少了這些心理上的表靈，人物就徒具表面的形象，缺

乏人的品質的真實性。

如前面所說，作者對於人物的刻劃，往往缺乏靜態的心靈的剖析。不過，許多時候，他卻採取了動態的描寫方式，以情節的敷演，推波助瀾，促成了人物性格的發展的模式，塑造出劇中人的形象。

《兩拍》中所創造的人物，在性格上已較前期的話本來得複雜，個性同中有異，各有不同，已不再適於用一個模型來硬套。人物性格所包含的複雜意義與現象世界裡的人一樣繁變多彩，所以書中的人物也因此而顯得逼真。

通過同一人物先後的兩種相對的思想、神態或行動等加以相互比較來描寫，使得他的性格發展鮮明，為讀者所接受，而得到預期的藝術效果。

先談〈李公佐巧解夢中言　謝小娥智擒船上盜〉中的謝小娥。故事中的謝小娥，本是無縛雞之力的女子，就因為復仇之念不泯，使她在最後得以報仇雪恨，如願以償。在父親、丈夫被殺的當兒，她只不過是十四歲。因此，作者並沒有安排她在投水獲救之後，立刻採取行動。而卻安排了父親及丈夫謎語待解的情節，讓她接受生活的歷練，使她有更多的時間來運籌策劃。在這種過程中，她完全生活在自我安排的世界中，顯得無助與徬徨。然而，她卻不惜以生命來投注於復仇的計劃中，成為日後心理的發展及行動的暗示與徵兆。

在謝小娥的父親及丈夫被殺之後及計劃報仇之前的一段情節，對於整個故事的主要發展與意義，有著暗示與預示的作用，讓我們隨著劇情的發展與主角共同進退，並體會她的不幸。這無形中強化及深化了人物的性格。

　　故事的女主角——謝小娥的性格發展，情緒與思想的表現，在情節的結構中，都是有跡可尋。她首先表現出對復仇的強烈意識，以及在這麼小的年紀，便負荷著如此深沉的悲苦，使人擔心她會不勝負荷而崩潰：

> 小娥也情願出家道：「一身無歸，畢竟是皈依佛門，可了終身。但父夫被殺之仇未復，不敢便自落髮，且隨緣度日，以待他年再處。」……晨昏隨著淨悟做功課，稽著佛前，心裡就默禱祈求報應。

　　這除了烘托出她內心的感受之外，也流露出她精神上的困擾及對復仇一事的沉溺，而寄望神靈的庇佑。同時，這也肯定了她守節的道德觀念。

　　接著，她又因謎語未解而忍受著無限的煎熬，一個人孤獨無依地承擔著苦痛，直到謎底揭曉後，她才衝破了絕望的桎梏，發揮了積極和主動的創造精神，殺了仇人後，再擺脫現實人生，遁入早已選擇的避風港。這一切內在的感受與外在的表現，有著互相推衍的關係，彼此互相映現。同時，由於人物先後的相對照，終於促成性格結構的完整性。

　　下面再談談〈痴公子狠使噪脾錢　賢丈人巧賺回頭婿〉裡的姚公子的性格。前面提到的謝小娥的性格發展，是一種由自我鞭策而轉為身體力行的過程。在這裡所提到的姚公子性格的鑄成，則由外在的環境所帶動。不管在什麼處境中，姚公子的心態和感受，都是由他周圍的人物來作為代言人，被他們的言行所遮蔽，乍看之下，他有如一個缺乏心理和性格變化的扁平角色。這種看法，隨著情節的結構，被否定了。

　　首先考察姚公子的出現和當時的狀況。他一開始便以眾人矚

目的姿態出現。但這時的他只是一個活著的偶像，完全是愚昧與無知的化身，因此作者並沒有賦予他血和肉：

> 見別人家算計利息，較量出入，犖犖作家的，便道齷齪小人，不足指數的。又懶看《詩》、《書》，不習舉業，見了文墨之士，便頭紅面熱，手足無措，厭憎不耐煩，遠遠走開。只有一班捷給滑稽之人，利口便舌，脅肩諂笑，一日也少不得。又有一班猛勇驍悍之輩，揎拳舞袖，說強誇勝，自稱好漢，相見了便覺分外興高，說話處脾胃多燥，行事時舉步生風，是這兩種人，才與他說得話著。……公子要人稱揚大量，不論好歹，一概收納。

作者接著下來，所要做的事，便是透過事件，利用人物的對比與語言來試探與考驗，使姚公子不能逃避現實世界，而必須接受它的種種挑戰。

姚公子在故事的發展中，一直都是被動的，所說的話是少之又少，事件的發展和進行，都是出於姚公子門客們的意向，由他們在行動，遂使人感到整個事件的發生，變成了外在加諸於姚公子身上的壓力與負擔。

姚公子由於終日揮霍無度，加上眾門客的欺詐算計，不到幾年，他將祖宗留下來的遺產，歷數散盡。後來，甚至將妻子也賣了。這時的姚公子，生命中所有的一切，都被剝奪盡了，而親情的愛護與扶持也隨著妻子的被賣而消失了。他在天地之間，頓然成為一個孤立的個體，獨自面對著貧窮與未知。無疑的，這整個事件所引起的種種變化，深深的影響到他的成長經驗和他的性格的形成。這除了加深我們對人們的背景的知識和了解之外，也預示了人物性格的發展，因而對於他的未來，也就令人更加關切。

　　當姚公子一貧如洗，陷入連串的不幸與打擊之間，他才真正的以一個有思想有感情的人物出現。努力的掙扎，而不甘於向不幸與悲苦屈服，給自己造機會與希望。至此，姚公子的性格可說是成熟了。

　　在家財散盡，舉目無親的困境中，姚公子終於大徹大悟，而決定痛改前非，腳踏實地的做人。這樣一來，絕望的情形完全改觀，一線生機重現。由於他改過自新，所以得到了岳父的諒解和妻子的信任。同時，他也得回了舊日被別人隱瞞白占的田產。此後，夫妻二人團聚，守著田地過日子，衣食不缺。

　　從人物的出現、蛻變、成型，一直到脫穎而出的這個過程，發展得自然合理。作者安排姚公子在我們的期待中適時做出反應，以便產生一定的戲劇效果，使得他的性格顯得具體與真實。

　　總而言之，《兩拍》中的人物，無不伴隨著情節發展的節奏出現，醞造了各種性格與心態，在技巧上較之宋代話本的心理描寫又提高了一層，使短篇小說的創作技巧更跨前了一步。

第五節　語言口語化

　　就以語言而論，凌濛初突破了文言枷鎖的絆羈，以口語來敷衍故事和鋪陳事件。《兩拍》不刻意於詞藻的繽紛，而是靠著方言俗語的滋潤，使「奇」的特點，傳真入神，自成格調，加上作者寫作的目的是引人入勝，因此作品著於趣味動聽。語言的活潑自然，跳蕩不羈的口語生命在《兩拍》中發揮得淋漓盡致。

　　繼馮夢龍之後的凌濛初，在小說的語言運用上承襲了前者在《三言》中的語言特色之外，更進一步鑄造出異於文言小說的口

語性語言特色，使得小說平易近人。同時，他也把語言通俗粗獷的性格，小說抒情與戲劇的效果，融於一爐，形成交響。

孫楷第先生曾提到《兩拍》這兩本書，「亦間有自舊本出者，唯十之八九爲自著，實自著總集也。」①經過學者們的考證，特別是譚正璧先生的《三言兩拍資料》一書中發現到小說故事，並非全爲凌濛初所作，十之八九有其淵源。（見前文《兩拍故事源流探源》）不過，小說的許多篇章，經過凌濛初以白話口語改寫，故事內容的改編及情節高潮的再創造後，無形中注入新的文學生命。

從現代的眼光來看，無可否認它仍受著時空的限制，但如果能以謹嚴而不流於拘泥的態度來評騭這部作品，則我們能夠看到它反映了時代的意義和地域特色。藉此，也可發現凌濛初使原作脫胎換骨的技巧之一。

在《兩拍》裡，凌濛初雖指出作品內容是取諸耳聞目睹及載籍傳說。不過，我們不能夠因此而忽略了作者藉以表現思想和旨趣所灌注的點染工夫。他一方面有所憑藉，一方面又以通俗的口語酌意抒寫，發揮才情，使讀者感到親切，深受作品的感染，並接受作品中的道德教化。

要是把《兩拍》中的作品與有關的來源資料作比較後，就不難發現凌濛初在蒐集作品之外，仍做了許多工作。乍看之下，原始資料與小說的分野，在於前者是文言作品，而後者則是以口語述事，不事雕琢。然而，若進一步的探討，我們也會發現到經過增潤的作品內容和原來的故事有所差異。它們不同的地方，在於故事經過通俗語言的妝點後，顯得親切有趣，形象生動，和群眾的生活也就更加接近。

作者除了融入自然俚俗的散文化、口語化的語言之外，也運用了語調來加強語言的意象及示意效果，頓然產生了跌蕩生姿，意態萬千的氣氛和情景，使小說的浪漫氣息與現實生活實質互相交織，互相輝映，既矛盾又統一，充分發揮了語言的凝聚與擴張的活力，進而表現小說的生命和風格。

凌濛初透過調侃嘲諷的語調及對話語言的應用來交代情節，烘托氣氛，並釀造了一張張喜劇的臉譜和足以形成喜劇畫面的基本色調。這種效果，順手拈來，隨處可見；現以《初刻》卷三〈劉東山誇技順城門 十八兄奇蹤村酒肆〉篇中的一段，來談有關作者如何運用語調來醞釀氣氛，大大地增加故事的幽默效果：

> ……少年在馬上問道：「久聞先輩最善捕賊，一生捕得多少？也曾撞著好漢否？」東山正要誇逞自家手段，這一問揉著癢處，且量他年小可欺，便移口道：「小可生平，兩隻手，一張弓，拿盡綠林中人，也不記其數，並無一個對手。這些鼠輩何足道哉？而今中年心懶，故棄此道路。倘若前途撞著，便中拿個把把兒，你看手段。」少年微微冷笑道：「原來如此！」就馬上伸手過來，說道：「借肩上寶弓一看。」東山在騍上遞將過來，少年左手把住，右手輕輕一搋就滿，連放連搋，就如一條軟絹帶。東山大驚失色，也借少年的弓過來看。看那少年的弓，約有二十斤重，東山用盡平生之力，面紅耳赤，不要說扯滿，只求如初八夜頭的月，再不能勾。東山惶恐無地，吐舌道：「使得好硬弓也！」便向少年道：「老弟神力，何至於此！非某所敢望也。」少年道：「小人之力何足稱神？先輩弓自

太軟耳。」東山贊嘆再三，少年極意謙謹。晚上又同宿了。……東山望去，不見了少年，他是賊窠中弄老了的，見此行止，如何不慌？……心上正如十五個吊桶打水，七上八落的。沒奈何，迤迤行去。行得一二鋪，遙望見少年在百步外，正弓挾矢，扯個滿月，向東山道：「久聞足下手中無敵，今日請先聽箭風。」言未罷，飄的一聲，東山左右耳根但聞蕭蕭如小鳥前後飛過，只不傷著東山。又將一箭引滿，正對東山之面，大笑道：「東山曉事人，腰間騍馬錢快送我吧，休得動手。」東山料是敵他不過，先自慌了手腳，只得跳下鞍來，解了腰間所繫銀袋，雙手捧著，膝行至少年馬前，叩頭道：「銀前謹奉好漢將去，只求饒命。」少年馬上伸手，提了銀包，大喝道：「要你性命做甚？快走，快走。你老子有事在此，不得同兒子前行了。」撥轉馬頭，向此一道煙跑。但見一路黃塵滾滾，霎時不見蹤影。

東山呆了半晌，捶胸跌足起來道：「銀錢失去也罷，叫我如何做人？一生好漢名頭，到今日弄壞，眞是張天師吃鬼迷了。可恨，可恨。」垂頭喪氣，有一步沒一步的，空手歸交河。到了家裡，與妻子說知事，大家懊惱一番。夫妻兩個商量，收拾些本錢，在村郊開個酒鋪，賣酒營生，再也不去張弓挾矢了。又怕有人知道，壞了名頭，也不敢向人說著這事，只索罷了。

通過這段描寫，在敘事中運用對話，講究語調的變化而又不著痕跡，顯得自然樸素，把東山當時誇技逞強，結果身陷險境的氣氛烘托出來。

在敘事中又帶有故事性特點的語言，是《兩拍》裡普遍的修辭手段。它既保持了民間文學的樸素本質，又因帶有故事性的特點和喜劇性的色彩而引人入勝，扣人心弦。

對話語言的大量運用，也是《兩拍》敘述故事的另一特點。其作用在於捕捉住一個典型細節的一段對話來塑造出典型形象及人物的心理狀態。

在《二刻》卷一〈進香客莽看金剛經　出獄僧巧完法會分〉裡的幾段情節中，插入傳神的對話，使故事裡各人的神情畢現，情趣盎然：

> 住持道：「相傳此經價值不少。徒然守著他，救不得飢餓，真是戲米圍餓殺了。把他去當米，誠是算計。但如此年時，那裡撞得個人，肯出這樣閒錢當這樣冷貨？只怕空費著說話罷了。」辨悟道：「此時要是遇個識寶太師，委是不能勾。想起來，只有山塘上王相國府當內嚴都管，他是本山人，乃是本房檀越，就中與我獨厚。這卷白侍郎的經，他雖未必識得，卻也曾聽得。憑我一半面皮，挨當他幾十挑米，敢是有的。」眾僧齊聲道：「既然如此，事不宜遲，只索就過湖去走走。」……住持道：「此是傳名的古物，如此零落了，知他有什麼好處？今將去與人家，藏放得好些，不要失脫了些便好。」

寺中的和尚們，一聽說辨悟有辦法找到食米，都急不及待，眾口同聲催促他快快啓程，由此可見他們實爲一群六根未淨之徒。身爲主持，尚不知珍惜相傳至寶，以至經書「多年不經裱褙，糨氣已無，周圍鑲紙多泛浮了」，所以料想不值幾個錢，更遑論用它來換米了。在這裡，作者捕捉了主持的煩惱，並對主持

的身份提出質疑。泛黃的經書，精簡的對話，相輔相成，人物的心理活動直接地呈現在眼前。同時，作者也讓主持的無奈，眾僧的急切及辨悟的積極，互相襯托，相映成趣。

到了相府，見到了嚴都管，便又是另一番景象：

> 辨悟道：「敝寺人眾缺欠齋糧，目今年荒米貴，無計可施。寺中祖傳《金剛經》，是唐朝白侍郎真筆，相傳價值千金。相都管平日也曉得這話的。意欲收此卷當在府上鋪中，得應付米百來石，度過荒年，救取合寺人眾生命，實是無量功德。」嚴都管道：「是甚希罕東西，金銀寶貝做的，值得價錢？我雖曾聽見老爺與賓客們常說，真是千聞不如一見。師父且與我看看再商量。」……嚴都管道：「我只說是怎能樣金碧輝煌的，元來是這等晦氣色臉，到不如外邊這包，還花碌碌好看。如何說得值多少東西？」都管強不知以為知的逐葉翻翻，一直翻到後面去，看見本府有許多大鄉宦名字及圖書在上面，連主人也有題跋手書印章，方喜動顏色道：「這等看起來，大略也值些東西，我家老爺才肯寫名字在上面，除非為我家老爺這名字，多值了百來兩銀子，也不見得。我與師父相處中，又時救濟好處，雖是百石不能勾，我與師父五十石去罷。」

嚴都管的一拒一納，無知自大，倚老賣老，擅作主張，官不威爪牙威之勢，躍然紙上。作者充分表現了揶揄，調侃的語調及語言的效果。

對話語言的另一個作用是通過個性化的語言刻劃人物性格，並借此抒發作者愛憎的不同感情。在《兩拍》中《二刻》卷十二〈硬勘案大儒爭閒氣　甘受刑俠女著芳名〉裡晦菴自言自語的

話，正是他內心的獨白。

> 晦菴道是「仲友風流，必然有染；況且婦女柔脆，不吃得刑拷，不論有無，自然招承，便好參奏他的罪名了。」

這說明晦菴已經有了先入為主的觀念，所以一心想逼嚴蕊招供，以便誣告唐仲友。但是嚴蕊個性堅強，不願無中生有，這使晦菴無計可施，唯有將她毒打一頓，並發配到紹興：

> 紹興太守也是一個講學的，嚴蕊解到時，見他模樣標誌，太守便道：「從來有色者必然無德。」就用嚴刑拷他，討拶來拶指。嚴蕊十指纖細，掌背嫩白。太守道：「若是親摻井臼的手，決不是這樣，所以可惡！」又要將夾棍夾他。當案孔目稟道：「嚴蕊雙足甚小，恐經折挫不起。」太守道：「你道他足小麼？此皆人力矯揉，非天性之自然也。」著實被他騰倒了一番，要他招與唐仲友通姦的事。……
>
> 嚴蕊到了監中，獄官著實可憐也，分付獄中牢卒，不許難為。好言問道：「上司加你刑罰，不過要你招認；你何不早招認了？這罪是有分限的。女人家犯淫，極重不過是杖罪。況且已經杖斷過了，罪無重科，何苦捨著身子，熬這等苦楚？」嚴蕊道：「身為賤伎，縱是與太守有奸，料然不到得死罪，招認了有何大害？但天下事真則是真，假則是假，豈可自惜微軀，信口妄言，以污士大夫？今日寧可置我死地，要我誣人，斷然不成的！」獄官見他詞色凜然，十分起敬，盡把其言稟知太守。

這一段文字讓我們窺見個別人物的內心，由他們現身說法和訴諸於行動。這是最直接及最深入的表現方式。小說家苦心揣摩

的數言數語，不但合符角色的身分、角分間的關係，勾勒出他們的心態，更突出了對比的效果。

除此之外，凌濛初在人民語言的寶藏中，發掘了豐富的俗語、俚語以及通俗的成語，使小說中的語言頓然清新活潑，耐人咀嚼。

通俗的俚語、俗語和成語在《兩拍》裡俯拾即是。這些深入淺出，雅俗共賞的俚俗語，在格律嚴謹的詩詞中是不允許存在，在散文中也很少出現。直到元明劇曲中才漸露鋒芒。

明清小說的特點之一，便是保留了大量生動活潑的口語，從而使得俚俗口語之美，活躍紙上。《兩拍》在修辭上運用樸素的口語風格，在字裡行間跳動的是從口語中提煉出來，千姿百態，形象生動，渾樸真摯的成語及俚語。大量成語及俚語的出現，正顯現出《兩拍》豐富多彩的語言特色。

【附　註】

① 魯迅〈宋之話本〉，見《中國小說史略》第十二篇，（北京：人民文學出版社，1973），頁 94。

② 同上注。

③ 凌濛初《拍案驚奇》序文（上海：上海古籍出版社，1982），頁 1。

④ 任世雍〈明代短篇小說中「巧」的表現〉，見《文藝月刊》，1980 年第 131 卷，頁 74。

⑤ 同上注。

⑥ 曾永義〈中國古典戲曲的特質〉，見《中國古典文學論文精選叢刊——戲曲劇類㈡》（臺北，幼獅文化事業公司，1980 年），頁 114。

⑦ 李希凡〈古典小說人物創造漫談三題〉，見《論中國古典小說的藝術

形象》，頁9。

⑧ 同上書，頁10。

⑨ 孫楷第《中國通俗小說書目》（北京：作家出版社，1957），頁97。

第五章 《兩拍》的評價和影響

第一節 《兩拍》文學價值的評議

綜觀《兩拍》這兩部小說，從內容方面來談，創作的筆尖直指社會，針對現實，反映了時代的特性。無論在提倡女權，揭發官場的黑暗面，攻擊科舉的弊端，或暴露人性的弱點方面，都有一定的社會意義。

就如明代許多小說家一樣，凌濛初也開始以喜劇的筆觸和人道主義的精神來衡量若干傳統觀念和價值，展現了明代文化和生活的大觀。

在作品中，凌濛初對於貞潔的觀念，愛情的自由和女性的地位的看法，都和傳統的態度不同。對於被逼而失貞者，他一反傳統所持的輕蔑態度，寄予不幸者無限的同情。為自身婚姻幸福而據理力爭的戀人們，作者給予讚賞和支持，並在故事中讓他們脫離命運的擺布而獲得美滿的愛情和婚姻。

他對當時的社會弊端和政治的不靖；如豪門的霸道，貪官污吏的惡行，明代官場的腐敗和道、佛教的盛行，以及信徒們的醜陋精神面貌等都大力抨擊。至於偷情、姦淫及同性戀等傷風敗俗的事跡，他下筆時也不諱忌。由於反映的生活面廣大，明代社會的一切事物幾乎都包容無遺。

稍嫌不足的是凌濛初對於整個晚明政權並未徹底失望，所以

他對社會的批評仍有著一定程度的保留，這樣一來，作者並沒有徹底的將明代社會的弊病，一一暴露在讀者眼前。夏志清說：

> 自元朝以來，雜劇和小說作者嘲弄和攻擊的人物對象，泰半都是不會出問題的，諸如貪官污吏、花花公子型的衙內、見色起淫心的和尚道士、目不識丁的秀才和招搖撞騙的江湖郎中。但不論作者出言怎麼刻薄，基本上他們對整個中國文化的健全體系是深信不疑的。①

凌濛初在《兩拍》裡，也剖現了人性在精神上和肉體上的飢渴，反映明人個人主體在精神上的自覺，探索他們的心理狀態，揭露了明人追求精神自由而逐漸演變成追求生活上的享受，進而沉溺於肉欲生活的心理蛻變過程。這說明了明人極力的掙脫傳統律則的控制，以便讓自我意識能夠復甦。然而由於長期在思想上受到壓抑，形成了畸形的發展，一旦得到解脫，他們便無所適從。這些人物在凌濛初筆下，成為作者卑視和嘲弄的對象。揭開了這些人物各式各類的道學假面具之後，呈現在讀者面前的是活生生的眞面目。

作者作了有益的提示，強調生活的需求必須和道德或合理的生活原則相結合，才不會因受情欲的過分支配而陷入衝突中。這種衝突不單是個人和社會的衝突，也是自我在精神上的掙扎。這使我們了解到凌濛初在故事裡自始至終所執著的道德涵意。

在《兩拍》的故事裡，我們常常可以發現到兩種互相對立的倫理力量在實踐的過程中所產生的衝突；例如個人的道德觀念和團體的規範，肉體的需求和精神上的價值觀念。這些都從愛情和婚姻制度，人類原始的需求和道德的觀念等多角度的反射出生命的活動和群體法律的相互關係。在小說裡作者頻頻強調嚴肅重大

的主題，包括家庭和倫理生活，國家政治、團體和社會生活，以及宗教精神生活等。

　　雖然讀者對於作者在故事中所寄涵的寓意不難領悟，但是，令人感到不足的是由於故事是以喜劇語調來寫作，這除了冲淡作品濃厚的道德色彩之外，它和故事結束部分的勸誡語句，以及其中嚴肅的道德意味難以融合，這難免影響小說在格調上的協調。

　　同時，在《兩拍》中，雖一再強調以道德為出發點的創作目標，仍難免受到明代創作風氣的影響，作品之中仍有少數部分有著猥褻挑達的描寫。例如《初刻》卷六〈酒下酒趙尼媼迷花　機中機賈秀才報怨〉中的一段、卷二十六〈奪風情村婦捐軀　別天語幕僚斷獄〉和《二刻》卷十八〈甄鹽生浪吞秘藥　春花女誤泄風情〉等有小說分寫得十分過火。由於這些描寫的畫面有時過於赤裸，不能超出事實的意象世界，缺乏一種含蓄的美感，使作品充滿了刺激性，卻不能使讀者在情感上引起共鳴。

　　不過，顯而易見的是，凌濛初企圖通過文藝來寄寓道德的苦心，並以反面教材來反映道德的淪喪，以資千戒。然而，由於凌濛初對人性欲念的同情，沒有強烈的加以批評，加上描寫的手法增加了故事中色情的墨瀾而無形中削弱了作者最初的道德寓意。這是《兩拍》中最顯眼的缺點。

　　借著超現實，超理性的神話情節來說故事，是《兩拍》寫作的技巧之一；就如《初刻》卷七〈唐明皇好道集奇人　武惠妃崇禪鬥異法〉，卷二十四〈鹽官邑老魔魅色　會骸山大士誅邪〉及《二刻》卷三十七〈疊居奇程客得助　三救厄海神顯靈〉等篇。這些神話創作，透過怪異事件而顯露人生的意義，並觀照現實的真實景況。

　　從技巧來談，在神話故事的境界裡固然含有濃厚的原始色彩和奇妙的變幻。然而，虛構的神話情節，卻能喚起讀者驚奇的情緒，並創造了戲劇的趣味。

　　在某些故事裡，神話情節的出現，昭示人類，在超乎現實世界之上有一個權威，高懸人們頭頂，可以主持公理，替人類的善惡行為做見證。這種情形可以在以下的幾篇故事裡見到：《初刻》卷六〈酒下酒趙尼媼迷花　機中機賈秀才報怨〉、卷十四〈酒謀財於郊肆惡　鬼對案楊化借屍〉及《二刻》卷十〈滿少卿飢附飽颺　焦文姬生仇死報〉等。這幾篇作品裡，在神話的超然勢力啟示下，人類重新認識了公理和正義，並把人類向上尋求的意志，通過神話情節，具體地表現出來。同時透過這些神話故事，我們不難揣知凌濛初的宗教思想，對宇宙的觀念和他個人的心境隱曲。

　　浸濡在神話幻想裡的詭奇故事，散發出奇異的色彩，除了表現作家個人創作的意識之外，還傳達了明人對宇宙人生的看法，達到了運用神話自娛娛人，傳達道德信念及影響讀者的目的。

　　不過，翻開《兩拍》裡的故事，不難發現有小部分的神話插曲，純為通俗的道德和宗教服務，宣揚宗教思想和道德訓誨。譬如上面所提到的《初刻》卷七〈唐明皇好道集奇人　武惠妃崇禪鬥異法〉和卷二十四《鹽官邑老魔魅色　會骸山大士誅邪》兩篇中道教的空氣彌漫全篇，故事殘陋平凡，聊借神話來客串一番，顯現出搪塞逗趣的場景，更因過分渲染道教法術而使故事的真實性打了折扣。

　　儘管如此，我們卻不能以偏概全，忽略了其他的篇章。在其他的小說中，即使故事含有宗教思想和道德課題，其中插用的神

話情節，頗有創造性，仍然有若干的藝術價值，茲舉一例以說明之。

《二刻》卷三十〈痤遺骸王玉英配夫　償聘金韓秀才贖子〉的這一回裡，述說王玉英報德，嫁於韓生，為他生下兒子後，了結一段夙緣的故事。情節中神話插曲的運用，引導故事主要旋律的進展，神話情境和宗教因果思想也能夠融合表現，使作品更富有生命。

總之，在《兩拍》中的神話情節和現實世界交融匯合，擴大了明人的宇宙觀。同時，神話的幻想世界彌補了現實世界的裂痕和人間制度的缺陷，從而完成了人間的秩序和體現了和諧的人生。此外，因為它以神話和幻想世界的精神風貌呈現在讀者眼前，擺脫了說理文字的呆板和枯燥，而使故事顯得意趣盎然。

從形式來看，很明顯的是，凌濛初仍採用宋元話本的故事處理方式，缺乏創新的精神，所以這兩部小說集裡的故事形式和組織仍然未脫離話本的模式。許多故事的內容，也多取材自宋元話本。在創作的形式、想像和構思方面，《兩拍》可說略嫌遜色。

不過，在《兩拍》裡，宋元話本給人的零醉印象已不復存在。作品裡的故事涵意已能夠透過有組織的文字及完整的敘述，展現了短篇小說邏輯結構的特性。因而這兩部小說能夠喚起明人的好奇心，迎合他們的口味，滿足當時人們較單純的鑑賞方式，流傳甚廣，積極地發揮其輔助世道、匡正人心的教化功能。

由於《兩拍》深受宋元話本的影響，沿襲著話本散韻合用，詩詞穿插其中的寫作方式，致使小說整體的結構，顯得鬆弛，情節的緊湊性有時也被破壞，故事的發展也令人稍感散緩冗長。有時則由於韻文的干擾，使作者難以利用有限的篇幅，集中地描寫

而流於浮光掠影，影響到小說的嚴謹性。這無疑是結構上的弱點。

除此之外，在描寫景物時，凌濛初常套用文言詩詞來刻劃一個新的場面。往往在故事開始時，他刻意描寫故事的背景，但在後來的敘述中，卻未能將人物和環境緊密地結合起來，背景幾乎只是一種交代性質的敘述，造成小說缺乏展現物景交融的潛在戲劇性。這是《兩拍》在描寫方面的不足。例如《初刻》卷二十四〈鹽官邑老魔魅色　會骸山大士誅邪〉裡凌濛初花了不少筆墨來描寫弘濟寺環境的清幽，亭閣的年久失修與日漸崩塌，卻沒有進一步提示弘濟寺成為謀殺案發生的最佳地點，以致景物的描寫不能在小說故事的發展上，發揮渲染氣氛的作用。

同時，在人物出場之前，也沒有特別營造的氛圍，以突出其形象。人物的出場，是隨著故事的發展，突現在讀者面前，然後隨著故事情節的需要，才展示人物的性格。在人物出場之前，雖然有時會有簡短的描寫，或以現成的文言語句來扼要地作介紹，然而，作者並沒有讓讀者在人物出現以前作好心理的準備，以便接受即將顯現在他們面前的人物，及預見這些人物性格上的特徵。

加上作者對於人物的外形特徵，並沒有具體的描寫，以預示英雄人物的內在性格和精神面貌。對於主要的角色的外形，也常用寥寥幾筆來描寫，或應用舊詩詞來交待，使讀者乍見人物時，不能立刻有所感應，並將感情傾注進去，對人物產生好惡之感，致使人物的感染力量減弱。

凌濛初在《兩拍》中雖然仍然承襲著古代小說「重神輕貌」的傳統，極少將筆墨用在細致的肖像描寫上，沒有讓人物靜態的

形象和動態的思想行為結合起來，使人物的外型塑造和人物的內在性格、氣質和精神緊緊地結合，有機地組合起來，加強人物的完整性。不過，如前面的章節所述，在人物刻劃的某些方面，凌濛初卻已超脫了舊的窠臼，而有其創新之處。

作者在《兩拍》裡，利用順暢安貼的口語，通過對話來表達故事人物凝聚的情感思想，傳達個別人物的人生體驗和他們的價值信念。並且透過淺白的語言和直接，單純的表達方式來描繪生活的真實形貌。另一方面，也通過心理活動的描寫，剖析了人物的心靈深處那種精緻細膩，難以捉摸的情感活動。加以作者運用了輕鬆、明朗的筆調來寫作，使小說世界中的人生顯得明亮樂觀，而不是一團幽暗的天地，使讀者和劇中的人物，分享他們的喜悅。

然而，美中不足的是在《兩拍》裡，我們雖然可以看到人物行為的動機，行動前的心理狀態，但其程度也僅在於對某個角色的道德觀和思想行為的剖析，以及對於受害者何以會遭遇到不幸、何以成為對手陷害的目標及受到命運的嘲弄，提出了進一步的解釋而已，讀者對於人物心理的發展和性格的成長，依然缺乏一個完整的印象。當事人在小說中變成了因果報應過程中的一粒棋子，缺少獨特的個性。這種現象普遍地存在於《兩拍》的故事裡。

基本上，《兩拍》裡人物的活動和心理狀況雖比話本故事中的人物活動和心理狀況來得複雜，然而它仍然停留在以故事為主，人物為副的階段，所以許多時候雖也對人物著筆描寫，但往往都是由人物來推動情節的發展，而流於為故事而作故事，傾向於片面追求故事情節的曲折離奇，對於人物性格的刻劃卻相對地

簡略。

　　若從整體的組織來看,組織上的缺點也反映在每篇故事的入話前經常出現的一段概括性的敘述裡。這類說書人常用的概括性敘述,不管是在《初刻》或是《二刻》都常占了不少篇幅,其中穿插了作者的意見,使讀者產生了先入為主的觀念。例如《初刻》卷一〈轉運漢遇巧洞庭紅　波斯胡指破鼉龍殼〉裡,作者運用了不少文字,在故事的開場部分闡明「萬事分已定,浮生空自忙」的觀念。又如同書卷十一《惡船家計賺假屍銀　狠僕人誤投真命狀》的一篇裡,一開始作者便立刻強調「殺人償命,天理不容」的道德觀,可是漸漸卻變成了嚴訓為官者勿草菅人命的警戒,使人覺得繁瑣。這都是由於作者時時不忘社會現實,希冀借作品來諷諭時政、批判社會所致。

　　正因為這個原故,說書人在作品中頻頻出現。說書人的出現,使讀者既不能完全投入故事人物的生活裡,又不能超越說書人的人生態度。而且,說書人在故事裡不時闡明其對人生的看法,迫使讀者持著一段距離來看故事裡的人生,以旁觀者的身分和角度來窺探故事裡的喜劇人生,因而無法通過作品透視現實人生的苦澀和嚴厲;反而會因此將故事輕鬆面溶入現實人生的嚴肅面,自然地,讀者也會以輕鬆的態度來對待現實的人生,並且也不會以嚴肅的態度來看待作品。我們認為凌濛初之所以運用喜劇的觀點來寫作,可能是為了避免作絕對嚴肅的道德判斷,盡量地以客觀的態度,把現實中事實的嚴重性沖淡,使讀者更容易接受作品的道德涵意。

　　遺憾的是,凌濛初對讀者缺乏信心,擔心他們不能領悟他勸戒的苦心,因此時常需要說話人不厭其煩的來提點讀者們。這就

使讀者失去了運用想像和判斷的機會。作者頻繁的自我表達，露骨的闡明道理，削弱了故事的含蓄性。作者仍未做到不落一字，進行褒貶，讓讀者自己去領悟作者的寓意，這使人覺得有畫蛇添足之嫌。

再說，對於反面的人物如惡棍，貪官等的罪行，讀者也很難體會到凌濛初對這些人物的嚴厲苛責。他只是以一種戲謔的態度，通過說話人以旁觀的態度來加以批評。這也把人性的缺點和罪行的嚴重性沖淡了，對於無知或愚昧而上當或落入圈套的角色，他也只是借事情的發展對他們加以調侃，並突出他們的喜劇造型，引發我們的笑意，完全沒有道德批判的意味。

另一方面，作者試圖塑造代表光明和具有道德典範的人物，如劉元晉和元自實等。但明顯的，我們可以看出這些人物仍然由於缺乏獨特的氣質和內涵，而無法給讀者留下深刻的印象。

透過前面的探討，我們可以說《兩拍》是小說中各類型意識和人情心態的總集。它的內容包容了廣大的人世活動。其中有神怪小說的寓意象徵、俠義小說的鋤強扶弱、公案小說的平反冤情、世情小說的社會寫實、愛情小說的歌頌堅貞、諷刺小說的諷嘲愚行，表現出凌濛初關懷人生的人道主義精神。雖然它在藝術創意和技巧方面來看，仍有其不足之處。

然而，這兩部小說卻不失為透視社會現象，窺探明代文化內涵及剖現明人心態的特殊作品，並以這個時代為背景，通過小說的創作，為後人勾勒出這個時代的社會和文化的歷史輪廓。

此外，作者不但正視人生的許多缺陷，而且也能表現出人生喜樂和光明的一面，對於讀者的人生觀，無疑會產生一定的影響。

第二節　《兩拍》的影響

　　《三言》和《兩拍》的出現，是短篇小說發展的里程碑，在它以後，直到清代從事短篇小說創作的人開始減少，雖然仍有不少短篇小說集的刊行，卻缺乏獨特的創作成就，所以在小說發展史上的地位，是微不足道的。

　　在這兩部小說之後面世的短篇小說集子，都將這兩部書當成它們創作素材的寶庫及創作的模式。有些作家受了《三言》和《兩拍》的影響而創作類似的小說，如《石點頭》、《西湖二集》、《西湖佳話》和《醉醒石》等書。有些作家則將其中的故事改寫，甚至是直接輯錄其中的故事，編成集子，刊行流傳，例如《型世言》的部分篇章，就是直接輯錄《兩拍》的故事。茲分述如下：

一、選輯本

　　自《三言》和《兩拍》刊行之後，廣泛的受到讀者的歡迎。許多書商見有利可圖，便將這兩本書摘錄成一本，更換書名，再刊行問世。這種現象在當時極其普遍。現在流傳下來的有幾下幾部選輯本：

1.《今古奇觀》

　　由抱甕老人所編。共四十卷四十篇。它是《三言》和《兩拍》的選輯本。單以《兩拍》而言，《初刻》共選了八篇，《二刻》則只選輯了三篇作品。

　　根據鄭振鐸的推斷，此書的出現約在崇禎五年以後，即《二

刻》出現以後②。但是也不能後於崇禎十七年，因為作者仍稱明朝為「我朝」或「皇朝」，而且皆抬頭以示尊重。由此可知，這不是在明代滅亡以後才出現的作品。

《今古奇觀》擔負著保存宋、元和明代話本的重任。《三言》不只收集了明代的話本，也輯錄了宋代和元代的平話創作。在《三言》《兩拍》一度流失的時候，《今古奇觀》取代了二者的地位，使話本免於絕跡於書壇的厄運，延續了話本的命脈。

2.《續今古奇觀》

撰者不詳。見《中國小說史略》引三十卷本。收錄《今古奇觀》選余的《初刻拍案驚奇》二十九篇，加上編者選自〈娛目醒心編〉卷九，合計全書三十卷。

3.《三刻拍案驚奇》（《幻影》）

夢覺道人、西湖居士同輯。至今這兩人的姓名仍不可考。全書本為十卷，每卷四回，共四十回。然而現存者只有八卷，而第八卷還只存上半卷，所以只三十回，三十篇話本。

這本書共收集了約十篇的《二刻拍案驚奇》故事，即六、七、八、九、十一、十四、十五、十六、十七和十八。本書疑是明末崇禎辛未或崇禎癸未時的刊本。此書原名《幻影》後改為《拍案驚奇》。

雖原書未見，然而據篇目來看，第二十回疑為《二刻》卷二十九，第三十回則可能是《二刻》卷三十九。

4.《三刻拍案驚奇》別本

此書又稱《別本二刻拍案驚奇》。現存地兩部，一部由法國巴黎國家圖書館所珍藏。另一部為日本佐伯市佐伯文庫藏本。

巴黎的藏本全書共三十四卷，題為「即空觀主人編次」，卷

首有「二刻拍案驚奇小引」和十七頁插圖（各前後二幅，繪會一卷的內容，共三十四幅）。《別本二刻拍案驚奇》的〈小引〉實即尚友堂本〈二刻拍案驚奇小引〉原版，而把「遂爲鈔撮成篇，得四十種」挖改爲「三十四」。另一處在「聊復綴爲四十則」中「四十」被挖去而沒有補上。③

　　書中的第一卷至第十卷在內容上和行款都和由凌濛初所輯尚友堂本的《二刻拍案驚奇》相同。④第十一卷開始行款即不相同。書題下署有評校人的姓名，有署「虎丘寡情人評」、「時念公評」、「李孝直評」或「潁水赤憨人評」等，篇末有署名「雨侯」的陸雲龍的評語。

　　《別本二刻拍案驚奇》優十卷中第一卷和《二刻拍案驚奇》的第十一卷相同；卷二「江愛郎神護作夫人，顧提控聖恩超主政」是改自《二刻拍案驚奇》卷十五的「韓仕郎婢作夫人，顧提控掾居郎署」卷三的「男美人拾箭得婚，女秀才移花接木」是取自《二刻拍案驚奇》卷十七的「同窗友認假作眞，女秀才接花接木」上聯的篇目已被更改；卷四源自《二刻拍案驚奇》的第十八卷；卷五取自《二刻拍案驚奇》卷十六；卷六取自《二刻拍案驚奇》卷六；卷七是取自《二刻拍案驚奇》卷七；卷八、卷九和卷十是分別取自《二刻拍案驚奇》卷八、卷九和卷十。

　　日本佐伯文庫的藏本並不公開，鮮少人知道此版本的存在，更談不上對它作研究。根據曾經目睹此版本的胡從經認爲，此本與法國巴黎國家圖書館的藏本應爲同一版本。

　　除了前十卷是取自《二刻拍案驚奇》，其餘的二十四卷可以在《刑世言》中找到相應的篇章。⑤

5. 《二奇合傳》

　　全書十六卷四十回，清代刊本。因選輯《今古奇觀》與《拍案驚奇》二書，故以《二奇》命名。由芝香館居士編，清代刊本。

　　在四十回的故事中，從《今古奇觀》選了二十六回，及《初刻》的十二回。這十二回是從《今古奇觀》選擇之後餘下的再選擇出來。因此本書共從《初刻》中選了二十回，除去後來所選的十二回，在《今古奇觀》之中，存有八回。從《二刻》選擇出來的，只有兩回。

6.《覺世雅言》

　　劉振鐸也在巴黎圖書館見到這本書⑥。全書共有八卷，包括話本八篇。

　　選輯這本書的人毫無標準可言。顯然是取得殘卷，雜湊而成的書。這種因原書湮沒而坊賈將殘卷大書刊刻，欺世盜名的情形履見不鮮。書中只收集了《初刻》的卷十八一篇。

7.《燕居筆記》

　　全書有十卷。根據鄭振鐸的記載，其中有小說九篇。推測是明代萬曆以後的產物⑦。內容共分：詩類函、情緣函、陰德函、才學函、仙佛函、異聞函。

　　書中僅收集了《初刻》卷一的一篇故事。據悉日本圖書寮藏有巾箱本⑧：

　　《增補批點圖像燕居筆記》（馮夢龍增編，余公仁刊）。
日本內閣文庫則藏：

　　《新刻增補全相燕居筆記》（林近陽增編，余泗泉刊）。

二、受《兩拍》影響的創作

除了有不少作品選輯《兩拍》的故事，編成集子，刊行面世之外，還有一些作品因受《兩拍》的影響而從事創作的：

1.《蘇門嘯》

傅青眉作。這本書共有十二齣雜劇。這十二齣雜劇是根據《初刻》和《二刻》的故事改編而成的。但是其中以選摘《二刻》的故事居多。

2.《韓健兒傳》

李漁作。故事是根據《初刻》卷三〈劉東山夸技順城門　十八兄奇踪村酒肆〉改編而成。

3.〈虎媒記〉傳記

明末顧景星作。受《初刻》卷五〈感神媒張德容遇虎　湊吉日裴越客乘龍〉這一篇的影響而作。

4.〈龍鳳錢〉傳奇

從傳奇中可以看到《初刻》卷七《唐明皇好道集奇人　武惠妃崇禪斗異法》影響的痕跡。

5.〈玉樓春〉傳奇

清初謝宗錫作，深受《初刻》卷九《宣徽院仕女秋千會　清安寺夫婦笑啼緣》的影響。

6.〈快活三〉傳奇

明人張大復作。根據《初刻》卷十二〈陶家翁大雨留賓　蔣震卿片言得婦〉改寫而成。

7.《龍舟會》雜劇

此篇為明末王夫之的作品，它與《初刻》卷十九〈李公佐巧解夢中言　謝小娥智擒船上盜〉有密切的關係。

8.〈通仙枕〉傳奇

收入《曲海總目提要》卷三十。受《初刻》卷二十〈李克讓竟達空函　劉元晉雙生貴子〉的影響。

9.〈石榴記〉傳奇

清人黃振石作。作者根據《初刻》卷二十九〈通閨闥堅心燈火鬧囹圄捷報旗鈴〉一篇改作而成。

10.〈醒世魔〉傳奇

作者爲無名氏。此篇受到《初刻》卷三十六〈東廊僧怠招魔黑衣盜奸生殺〉的影響而寫成。

11.〈領頭書〉

《曲海總目提要》卷二十三〈領頭書〉是根據《二刻》卷六〈李將軍錯認舅　劉氏女跪從夫〉改編而成。

12.〈撮盒緣〉傳奇

這篇傳奇也是受《二刻》影響的作品之一。它是根據卷二十七〈僞漢裔奪妾山中　假將軍還姝江上〉的故事及卷三〈權學士權認遠鄉姑　白孺人白嫁親生女〉的故事揉合而成的作品。

13.〈失印救火〉及〈盜銀壺〉部分則是根據《二刻》卷四十的故事改編而成的作品。

茲將《初刻》及《二刻》中各篇故事對後來作品的影響，列二表說明：

表㈠ 《初刻拍案驚奇》

卷　數	篇　目	影　響
卷一	〈轉運漢巧遇洽庭紅 波斯胡指破鼉龍殼〉	⑴收入《今古奇觀》卷九〈運轉漢巧遇洽庭紅〉。 ⑵《燕居筆記》〈運轉漢文若虛發積〉。 ⑶《二奇合傳》第三十一回〈轉運漢巧遇鼉龍殼〉 勸守分 ⑷《曲海總目提要》卷二十八《快活三》。
卷二	〈姚滴珠避羞惹羞 鄭月娥將錯就錯〉	不詳。
卷三	〈劉東山夸技順城門 十八兄奇踪村酒肆〉	⑴李漁《秦淮健兒傳》。 ⑵《二奇合傳》第十三回〈劉東山驕盈逢暴客〉 戒衿夸
卷四	〈程元玉店肆代償錢 十一娘雲崗縱譚俠〉	⑴《二奇合傳》第十四回〈程元玉恭謹化災星〉 戒輕薄 ⑵《續今古奇觀》第四回〈程元玉店肆代償錢 十一娘雲岡縱譚俠〉。
卷五	〈感神媒張德容遇虎 湊吉日裴越客乘龍〉	⑴明末顧景星《虎媒記》傳奇。 ⑵《續今古奇觀》第五回〈感神媒張德容遇虎 湊吉日裴越客乘龍〉。
卷六	〈酒下酒趙尼媼迷花 機中機賈秀才報怨〉	⑴傳青眉《蘇門嘯》十二種之一〈截舌公招親〉劇。 ⑵《續今古奇觀》第六回〈酒下酒趙尼媼迷花 機中機賈秀才報怨〉。
卷七	〈唐明皇好道集奇人 武惠妃崇禪斗異法〉	⑴無名氏《龍鳳錢》傳奇，譜唐明皇夜遊月宮事。 ⑵《續今古奇觀》第三回〈唐明皇好道集奇人 武惠妃崇禪斗異法〉。

卷八	〈烏將軍一飯必酬陳大郎三人重會〉	(1)《曲海總目提要》卷四十四云：「亦插入〈玉蜻蜓〉劇」中。 (2)《二奇合傳》第三十五回〈烏將軍一飯報千金〉　勸酬恩 (3)《續今古奇觀》第八回〈烏將軍一飯必酬陳大郎三人重會〉。
卷九	〈宣徽院仕女秋千會清安寺夫婦笑啼緣〉	(1)清謝宗錫《玉樓春》傳奇。 (2)《二奇合傳》第九回〈清安寺烈女返眞魂〉　勸節烈 (3)《續今古奇觀》第九回〈宣徽院仕女秋千會清安寺夫婦笑啼緣〉。
卷十	〈韓秀才乘亂聘嬌妻吳太守憐才主姻簿〉	(1)《二奇合傳》第十回〈台州府憐才合佳偶〉　戒悔婚 (2)《續今古奇觀》第十回〈韓秀才乘亂聘嬌妻吳太守小令才主姻簿〉
卷十一	〈惡船家計賺假屍銀狠僕人誤投眞命狀〉	(1)《今古奇觀》卷二十九〈懷私怨狠僕告主〉。 (2)《二奇合傳》第二十九回〈懷私怨奸僕陷主〉　戒暴怒 (3)《曲海總目提要》卷四十〈賺青衫〉。
卷十二	〈陶家翁大雨留賓蔣震卿片言得婦〉	(1)《續今古奇觀》第十二回〈陶家翁大雨留賓蔣震卿片言得婦〉 (2)明末張大復〈快活三〉傳奇，又見《曲海總目提要》卷二十八。
卷十三	〈趙六老舐犢表殘生張知縣誅梟成鐵案〉	(1)《續今古奇觀》第十三回〈趙六老舐犢表殘生　張知縣誅梟成鐵案〉。
卷十四	〈酒謀財於郊肆惡鬼對案楊化借屍〉	《續今古奇觀》第十四回〈酒謀財於郊肆惡鬼對案楊化借屍〉。

卷十五	〈衛朝奉狠心盤貴產 陳秀才巧計賺原房〉	(1)《二奇合傳》第三十八回〈陳秀才內助全產業〉 戒冶游
		(2)《續今古奇觀》第十五回〈衛朝奉狠心盤貴產 陳秀才巧計賺原房〉。
卷十六	〈張溜兒熟布迷魂局 陸蕙娘立決到頭緣〉	(1)《二奇合傳》第三十九回〈陵蕙娘棄邪歸正〉 勸從良
		(2)《續今古奇觀》第十六回〈張溜兒熟布迷魂局 陸蕙娘立決到頭緣〉。
卷十七	〈西山觀設籙度亡魂 開封府備棺追活命〉	(1)《續今古奇觀》第十七回〈西山觀設籙度亡魂 開封府備棺追活命〉。
卷十八	〈丹客半黍九還 富翁千金一笑〉	(1)《今古奇觀》卷三十九〈夸妙術丹客提金〉。
		(2)《二奇合傳》第二十四回〈富家翁痴念困丹爐〉 戒貪淫
		(3)《覺世雅言》卷三〈夸妙術丹客提金〉。
卷十九	〈李公佐巧解夢中言 謝小娥智擒船上盜〉	(1)明末王夫之〈龍舟會〉雜劇。
		(2)《二奇合傳》第八回〈謝小娥智擒群盜〉 勸節孝
		(3)《續今古奇觀》第二回〈李公佐巧解夢中言 謝小娥智擒船上盜〉。
卷二十	〈李克讓竟達空函 劉元普雙生貴子〉	(1)《今古奇觀》卷十八〈劉元普雙生貴子〉。
		(2)《曲海總目提要》卷三十四〈通仙枕〉（一名〈雙恩義〉）。
		(3)《二奇合傳》第一回〈劉刺史大德回天〉 勸積德
卷二十一	〈袁尚寶相術動名卿 鄭舍人陰功叨世爵〉	(1)《二奇合傳》第七回〈鄭舍人義退千金〉 勸陰德
卷二十二	〈錢多處白丁橫帶	(1)《今古奇觀》卷四十〈逞多才白丁橫帶〉。

	運退時刺史當梢〉	(2)《二奇合傳》第十九回〈郭刺史敗興檔梢〉 戒貪緣
卷二十三	〈大姊魂游完宿願 小妹病起續前緣〉	(1)傅青眉《蘇門嘯》十二種之一〈鬼夫妻〉。 (2)《續今古奇觀》第二十三回〈大姊魂游完宿 願 小妹病起續前緣〉。
卷二十四	〈鹽官邑老魔魅色 會骸山大士誅邪〉	(1)《續今古奇觀》第二十四回〈鹽官邑老魔魅 色 會骸山大士誅邪〉。
卷二十五	〈趙司戶千里遺音 蘇小娟一詩正果〉	(1)《續今古奇觀》第二十五回〈趙司戶千里遺 音 蘇小娟一詩正果〉。
卷二十六	〈奪風情村婦捐軀 假天語幕僚斷獄〉	(1)《續今古奇觀》第二十六回〈奪風情村婦捐 軀 假天語幕僚斷獄〉。
卷二十七	〈顧阿秀喜舍檀那物 崔俊臣巧會芙蓉屏〉	(1)《今古奇觀》卷三十七〈崔俊臣巧會芙蓉 屏〉。 (2)《二奇合傳》第三十三回〈崔縣尉會合芙蓉 屏〉 勸節義
卷二十八	〈金光洞主談舊跡 玉虛尊前悟前身〉	(1)《續今古奇觀》第二十八回〈金光洞主談舊 跡 玉虛尊前悟前身〉 (2)《二奇合傳》第二十五回〈馮宰相一病悟前 身〉 勸修持
卷二十九	〈通閨闥堅心燈火 鬧囹圄捷報旗鈴〉	(1)清黃振石〈石榴記〉傳記。 (2)《續今古奇觀》第二十九回〈通閨闥堅心燈 火 鬧囹圄捷報旗鈴〉。
卷三十	〈王大行威行部下 李參軍冤報生前〉	(1)《二奇合傳》第二十回〈李參軍奇冤索命〉 戒命債
卷三十一	〈何道士因術成奸 周經歷因奸破賊〉	不詳。
卷三十二	〈喬兌換胡子宣淫 顯報施臥師入定〉	不詳。

卷三十三	〈張員外義撫螟蛉子 包龍圖智賺合同文〉	(1)《續今古奇觀》第一回〈張員外義撫螟蛉子 包龍圖智賺合同文〉。
卷三十四	〈聞人生野戰翠浮庵 靜觀尼錦黃沙術〉	(1)《續今古奇觀》第十一回〈聞人生野戰翠浮 庵　靜觀尼盡錦黃沙術〉
卷三十五	〈訴窮漢暫掌別人錢 看財奴刁買冤家主〉	(1)《今古奇觀》第十四回〈看財奴刁買冤家 主〉。 (2)《二奇合傳》第三十二回〈看財奴刁買主人 翁　勸善緣 (3)《曲海總目提要》卷二十七〈狀元旗〉。
卷三十六	〈東廊僧怠招魔 黑衣盜奸生殺〉	(1)無名氏《醒世魔》傳奇。 (2)《二奇合傳》第二十六回〈東廊僧片念遭魔 障〉　戒虐下 (3)《曲海總目提要》卷十五〈醒世魔〉。
卷三十七	〈屈突仲任酷殺眾生 鄆州司馬冥全內姪〉	不詳。
卷三十八	〈占家財狠婿妒姪 延親脈孝女藏兒〉	(1)《今古奇觀》卷三十〈念親恩孝女藏兒〉。 (2)《二奇合傳》第三十回〈念親恩孝女藏兒〉 勸孝悌 (3)《曲海總目提要》卷十四〈雙螭璧〉，為明 末鄒玉卿所撰。
卷三十九	〈喬勢天師禳旱魃 秉誠縣令召甘霖〉	不詳。
卷四十	〈華陰道獨逢異客 江陵郡三拆仙書〉	不詳。

表㈡　《二刻拍案驚奇》

卷　數	篇　　目	影　　響
卷一	〈進香客莽香金剛經 出獄僧巧完法會分〉	不詳。
卷二	〈小道人一著饒天下 女棋童兩局注終身〉	不詳。
卷三	〈權學士權認遠鄉姑 白孺人白嫁親生女〉	⑴傅青眉《蘇門嘯》十二種之一〈鈿盒奇 緣〉。
卷四	〈青樓市探人踪 紅花場假鬼鬧〉	不詳。
卷五	〈襄敏公元宵失子 十三郎五歲朝天〉	⑴《今古奇觀》第三十六回〈十三郎五歲朝 天〉。 ⑵《二奇合傳》第十七回〈十三郎五歲朝帝 闕〉　戒夜游
卷六	〈李將軍錯認舅 劉氏女詭從夫〉	⑴《曲海總目提要》二十三卷〈領頭巾〉即譜 此事。 ⑵《別本二刻拍案驚奇》卷六〈李將軍錯認舅 劉氏女詭從夫〉。
卷七	〈呂使君情媾宦家妻 吳太守義配孺門女〉	⑴《別本二刻拍案驚奇》卷七。
卷八	〈沈將士三千買笑錢 王朝議一夜迷魂陣〉	⑴傅青眉《蘇門嘯》十二種之一〈買笑局 金〉。 ⑵《別本二刻拍案驚奇》卷八〈沈將仕三千買 笑錢　王朝議一夜迷魂陣〉。
卷九	〈莽兒郎驚散新鴛燕 傷梅香認合玉蟾蜍〉	⑴傅青眉《蘇門嘯》十二種之一〈蟾蜍佳 偶〉。 ⑵《別本二刻拍案驚奇》卷九〈莽男兒驚散新 鴛燕　傷梅香認合玉蟾蜍〉。

卷十	〈趙五虎合計挑家釁 莫大郎立地散神好〉	(1)《別本二刻拍案驚奇》卷十〈趙五虎合計挑 家釁　莫大郎立地散神好〉。
卷十一	〈滿少卿飢附飽颺 焦文姬生仇死報〉	(1)傅青眉《蘇門嘯》十二種之一〈死生怨 報〉。 (2)《別本二刻拍案驚奇》卷一〈滿少卿飢附飽 颺　焦文姬生存死報〉。
卷十二	〈硬勘案大儒爭閑氣 甘受刑俠女著芳名〉	不詳。
卷十三	〈鹿胎庵客人作寺主 剡溪里舊鬼借新屍〉	不詳。
卷十四	〈趙縣君喬送黃柑 吳宣教乾償白鏹〉	(1)傅青眉《蘇門嘯》十二種之一〈賣情扎囤〉 (2)《今古奇觀》第三十八回〈趙縣君喬送黃柑 子〉。 (3)《二奇合傳》第二十三回〈吳宣教情投幻 網〉　戒邪僻
卷十五	〈韓侍郎婢作夫人 顧提控掾居郎署〉	(1)《別本二刻拍案驚奇》卷二〈江愛娘神護做 夫人　顧提轄聖恩超主政〉。
卷十六	〈遲取券毛烈賴原錢 失還魂牙僧索剩命〉	(1)《別本二刻拍案驚奇》卷五〈遲取券毛烈賴 原錢　失還魂牙僧索剩命〉。
卷十七	〈同窗友認假作眞 女秀才移花接木〉	(1)《今古奇觀》第三十四回〈女秀才移花接 木〉。 (2)《別本二刻拍案驚奇》卷四〈男美人拾箭得 婚　女秀才移花接木〉。
卷十八	〈甄監生浪吞秘藥 春花婢誤泄風情〉	(1)《別本二刻拍案驚奇》卷四〈甄監生浪吞秘 藥　春花婢誤泄風情〉。
卷十九	〈田舍翁時時經理 牧童兒夜夜尊榮〉	不詳。
卷二十	〈賈廉訪贗行府牒	不詳。

	商功父陰攝江巡〉	
卷二十一	〈許察院感夢擒僧 王氏子因風獲盜〉	不詳。
卷二十二	〈痴公子狠使噪皮錢 賢丈人巧賺回頭婿〉	(1)傅青眉《蘇門嘯》十二種之一〈賢翁激婿〉。 (2)《曲海總目提要》卷三十九〈錦蒲團〉疑爲清人吳龐所作。
卷二十三	〈大姊魂游完宿願 小妹病起續前緣〉	不詳。
卷二十四	〈庵內看惡鬼善神 井中譚前因後果〉	不詳。
卷二十五	〈徐茶酒乘鬧劫新人 鄭蕊珠鳴冤完舊案〉	不詳。
卷二十六	〈懵教官愛女不受報 窮癢生助師得令終〉	不詳。
卷二十七	〈僞漢裔奪妾山中 假將軍還姝江上〉	(1)傅青眉《蘇門嘯》十二種之一〈智賺還珠〉。 (2)《曲海總目提要》卷十五〈撮盒圓〉。
卷二十八	〈程朝奉單遇無頭婦 王通判雙雪不明冤〉	(1)傅青眉《蘇門嘯》十二種之一〈沒頭疑案〉。
卷二十九	〈贈芝麻識破假形 擷草藥巧諧眞偶〉	(1)與《型世言》第三十八回〈妖狐功合良緣蔣郎終偕伉儷〉的故事相同。
卷三十	〈瘞遺骸王玉英配夫 償聘金韓秀才贖子〉	不詳。
卷三十一	〈行孝子到底不簡屍 殉節婦留待雙出柩〉	(1)與《型世言》第二回〈千金不易父仇 一死曲伸國法〉的故事相同。
卷三十二	〈張福娘一心貞守 朱天賜萬里符名〉	不詳。

卷三十三	〈楊抽馬甘請杖 富家郎浪受驚〉	不詳。
卷三十四	〈任君用恣樂深閨 楊太尉戲宮館客〉	不詳。
卷三十五	〈錯調情賈母詈女 誤告狀孫郎得妻〉	不詳。
卷三十六	〈王漁翁舍鏡崇三寶 白水僧盜物喪雙生〉	不詳。
卷三十七	〈疊居奇程容得助 三救厄海神顯靈〉	不詳。
卷三十八	〈兩錯認莫大姐私奔 再成交楊二郎正本〉	不詳。
卷三十九	〈神偷寄與一枝梅 俠盜慣行三昧戲〉	(1)皮黃失印救火,〈盜銀壺〉部分情節胞胎於此。

綜觀上列二表,《初刻》的四十篇故事中,被後來作家所採錄者共三十五篇。這包括為選集本所蒐集的及影響後來創作的篇章在內。除了在選輯本中出現的篇章外,約有十三篇故事影響後來的創作(見表一)。

至於《二刻》的三十八篇故事(除去雜劇一篇及與《初刻》相同的卷二十三,共兩篇),被後來選集所錄及影響後人創作的篇章共有十七篇,是《初刻》的一半。有十一篇故事對後來的作者有啓示的作用(見表二)。

芸香館居士在《二奇合傳》的序裡說:「二奇者,《拍案驚奇》、《今古奇觀》也。合而輯之,故曰二奇也。然二書本一書也,即空觀主人采唐代叢書及漢、宋以來故事,衍成二百種,名以《拍案驚奇》。其後抱甕老人刪存四十種,始以《今古奇觀》

目之者也。」⑨由此可見，芸香館居士錯將《三言》歸入《拍案驚奇》之中。雖然《三言》的名字已經湮沒，然而當時《三言》及《兩拍》的刊本仍在中土流傳。同時《二奇合傳》是在乾隆以後刊行面世的，所以《三言》《初刻》刊本的流失，應該是在乾隆以後的事。

【附　註】

① 夏志清著，劉紹銘譯〈中國小說、美國評論家──有關結構、傳統和諷刺小說的聯想〉，見《明報月刊》第十八卷九期（1983 年 9 月），頁 97。

② 鄭振鐸〈明清二代的平話集〉，見《中國文學研究》上冊，（北京：作家出版社，1957），頁 421。

③ 苗壯、柳舒校注，（明）即空觀主人編次《別本拍案驚奇》，頁 12。

④ 劉業修《古典小說戲曲叢考》，頁 48-49。

⑤ 吳惠卿《〈型世言〉的研究》，頁 19-24。

⑥ 鄭振鐸〈明清二代的平話集〉，見《中國文學研究》上冊，（北京：作家出版社，1957），頁 425。

⑦ 同上書，頁 427。

⑧ 同上注。

⑨ 鄭振鐸〈明清二代的平話集〉，見《中國文學研究》上冊，（北京：作家出版社，1957），頁 463-464。

結　語

通過這項研究，我們可以了解到凌濛初的生平學家，他的人生觀、宇宙觀和他對俗文學的重視。作爲明代知識分子，凌濛初具有盼望晉身仕途施展抱負的急進態度，然而卻屢試不第，令他飽嘗失意的痛苦。他的《兩拍》就是在他心情最苦悶的時期撰寫的。晚年殉身房村的英勇事跡，更體現了他崇高的仁民愛國的精神。

經過對《兩拍》故事來源的探討，我們發現其中有些故事雖取材自前代的傳聞軼事，然而，凌濛初所作的剪裁和點染工夫，使他改編後的故事別具特殊風格。從敘述的方式和語言的運用來看，凌濛初是以市井小民的趣味爲依歸，所以故事反映了大衆拙樸的喜怒哀樂，切身的恩怨或誇張的人生慾望，使小說成爲庶民生活的投影。

從《兩拍》的出現也窺探到明人對於小說的看法，已不再停留於故事中歷史的眞實性，進而注重小說所反映的日常生活中的眞象。明人雖認清小說和歷史發展有著密切的關係，卻不以歷史事實來否定小說，以歷史的眞僞來衡量小說的價值。所以明代作家雖採摘舊話本作爲寫作的藍本，但在故事中卻已開始讓想像力馳騁，發揮創作的能力。

由於明代文人在小說創作觀念上的進步，使小說成爲想像和寫實結合的產物，並開始在明代蓬勃的發展。

同時，明代小說家已注意到小說故事的趣味性，以道德作爲

出發點的教育意義和它作爲消遣讀物的價值。這樣一來，小說的閱讀更加普遍，通俗性加強。小說逐漸成爲大衆文藝，小說家認清小說創作在這方面所擔負的任務，對後來的小說起了積極的影響。

明代可說是小說發展趨向成熟的過渡時期。因此小說作者對精細的描寫及微妙的心理分析還沒充份地掌握，所以要達到高超的創作水準還是有一段距離。然而在作品裡所描寫的社會層面卻比唐代小說更爲廣闊。就以《兩拍》而論，其寓意和結構都十分簡單，形式也不算新創，兩部作品仍說不上是組織完密的小說。不過，作品中所牽涉的各種生活和現實，仍值得注意。

從技巧方面來說，《兩拍》在文字的處理、對話的運用、人物形象的刻劃、情節的安排可以看出作者已下了一番功夫。在短篇小說發展史上，可說是向前跨進了一步。

重要的是，若從文學和人生社會、政治和人文思想的互爲因果關係的角度來看，凌濛初在作品中反映了明代社會以及明人精神上的症結。因此它在人文精神方面的價值是應被肯定的。

作爲第一部可供閱讀的短篇小說創作，它在延續短篇小說創作的歷史上也有其一定的貢獻。

（稍修於 1996 年）

參 考 書 目
（以編著者姓名筆劃爲序）

（一）單篇論文

方志遠《明清小說與明清社會》，見文史知識編輯部編
《漫說明清小說》（北京：中華書局，1991 年）。

1. 伊維德(W. L. Idemd)著，山農譯《寫實主義與中國小說》，見
《中國古典小說研究專集》(1)（臺北：聯經出版事業公司，
1979）

2. 王文生〈明代的文學理論〉，見《武漢大學學報》，一九八一
年第 1 期。

3. 王季思〈中國筆記小說略述〉，見《玉輪軒古典文學論集》
（北京：中華書局，1982）。

4. 王達津〈凌濛初的小說理論和實踐〉，見《古典文學論叢》第
三輯（山東：齊魯書社，1982）。

5. 王瑤〈小說與方術〉，見《中古文學史論集》（上海：上海古
籍出版社，1982）。

6. 王瑤〈文人與藥〉，同上書。

7. 王鴻泰〈《三言二拍》的精神史研究〉，見《史原》第十九期
（臺北：國立臺灣大學歷史學研究所，1993）

8. 任世雍〈明代短篇小說中「巧」的表現〉，見《文藝月刊》卷
131，1980 年。

9. 吉川幸次郎著，鄭清茂譯〈中國小說論〉，見《大陸雜誌語文

叢書》第 1 輯 4 冊。

10. 杜若〈談《二刻拍案驚奇》的真偽問題〉，見《自由談》第 32 卷 10 期。

11. 杜聯喆〈明人小說記當代奇聞本事舉例〉，見《清華學報》第 7 卷 2 期，1969。

12. 李田意〈日本所見中國短篇小說略記〉，見樂蘅軍主編《中國古典文學論文精選叢刊》（小說類）（臺北：幼獅文化事業公司，1980）。

13. ——〈拍星驚奇最後四卷的原文〉上，見《清華學報》第 2 卷第 2 期，1961 年。

14. ——〈拍星驚奇最後四卷的原文〉下，見《清華學報》第 3 卷第 1 期，1962 年。

15. 李田意講，梁沛錦筆記〈談中國小說〉，見《中國文學系年刊》第 2 期，1964 年。

16. 李田意著，劉青蓮譯〈原板拍案驚奇〉，見《中國學人》，1972 年第 4 期。

17. 李本燿〈宋元明話本研究〉，見《國立臺灣師範大學國文研究所集刊》第 18 期，1974。

18. 李光濤〈記明季的賄賂公行〉，見《大陸雜誌》第 30 卷 11 期，1965。

19. 沈雁冰〈中國文學內的性欲描寫〉，見鄭振鐸編《中國文學研究》上冊（上海：上海書店，1981）。

20. 何滿子〈章回小說和敘事文學的民族風格〉，見《文史知識》，1982 年第 3 期。

21. 呂思勉〈小說叢話〉，見《古代文學理論研究》（叢刊）第 6

輯（上海：上海古籍出版社，1982）。

22. 吳小如〈釋平話〉，見《古典小說漫稿》（上海：上海古籍出版社，1982）。

23. 吳晗〈明初社會生產力的發展〉，見周康燮主編《明代社會經濟史論集》第 1 集（香港：崇文書店，1975）

24. 即空觀主人編注苗壯，柳舒校注《別本拍案驚奇》（廣西：廣西人民出版社出版，1993）。

25. 周英雄〈懵教官與李爾王〉，見鄭樹森、周英雄、袁鶴羽合編《中西比較文學論集》（臺北：時報出版事業有限公司，1980）。

26. 周志鋒〈《二拍》語詞札記〉，見《古漢語研究》，1993 年第 1 期（總第 18 期）。

27. 周質平〈論晚期文人對小說的態度〉，見《中外文學》第 11 卷第 12 期，1983 年。

28. 柳存仁〈明儒與道教〉，見《新亞學報》第 8 卷 1 期，1967 年。

29. 馬幼垣‧劉紹銘〈筆記、傳奇、變文、話本、公案──綜論中國傳統短篇小說的形式〉，《中國古典小說研究專集》(1)（臺北：聯經出版事業公司，1979）。

30. 浦安迪〈中西長篇小說文類之重探〉，見鄭樹森、周英雄、袁鶴翔合編《中西比較文學論集》（臺北：時報文化事業有限公司，1980）。

31. 夏志清著，劉紹銘譯〈中國小說，美國評論家──有關結構、傳統和諷刺小說的聯想〉（上），見《明報月刊》，1983 年 212 期。

32.──〈中國小說，美國評論家──有關結構、傳統和諷刺小說的聯想〉（下），見《明報月刊》，1983 年 213 期。

33.──〈愛情、社會、小說〉，見樂蘅軍主編《中國古典文學論文精選叢刊》（小說類）（臺北：幼獅文化事業公司，1980年）。

34.徐訏〈兩性問題與文學〉，見《文星雜誌》第 15 卷 2 期，1964年。

35.孫楷第〈三言二拍源流考〉，見《滄州集》（北京：中華書局，1965）。

36.──〈中國短篇白話小說的發展與藝術的特點〉，見《俗講、說話與白話小說》（北京：作家出版社，1956）。

37.陳萬鼐〈凌廷堪年譜〉，見《中守學術文化集刊》第 12 集，1973 年。

38.J. Peiusek 著陳修和譯〈中國中世紀小說寫實與抒情的成分〉，見《中國古典小說研究專集》⑶（臺北：聯經出版事業公司，1981）。

39.陳大康〈擬話本二論〉，見《文學遺產》，1991 年第 2 號。

40.陳遼〈論中國古小說中的情愛小說、性愛小說和性小說〉見《書目季刊》第二十七卷第二期（臺北：中國書目季刊社，1993）。

41.陳謙豫〈明代小說理論管窺〉，見《華東師範大學學報》1982年第 3 期。

42.章培恒〈試論凌濛初的《兩拍》〉，見《文藝論業》第 17 輯，1983 年。

43.凌培、錢嘉猷〈《二拍》中湖州方言詞語江釋〉，見《方言》

第四期,1989。

44.凌濛初〈譚曲雜劇一卷〉,見《中國古典戲曲論著集成》第 4 集(北京:中國戲曲出版社,1980)。

45.馮天瑜〈「三言」、「二拍」表現的明代歷史變遷〉見《明清文化史散論》(湖北:華中工學院出版社,1984)。

46.葉德均〈凌濛初事跡系年〉,見《戲曲小說叢考》下冊(北京:中華書局,1979)。

47.──〈三言兩拍來源考小補〉,同上書。

48.──〈十年來中國戲曲小說的發現〉,見《東方雜誌》第 43 卷 7 號,1947 年。

49.華谷月〈中國古代短篇白話小說的性心理──唐傳奇、宋平話、明小說、聊齋故事〉,見《古今談》第 81 期,1972 年。

50.曾永義《雜劇中鬼神世界的意識形態》,見《說戲曲》(臺北:聯經出版事業公司,1976)。

51.──〈中國古典戲劇的特質〉,見《中國古典文學論文精選叢刊》(戲劇類二)(臺北:幼獅文化事業公司,1980)。

52.蔣星煜〈《點鬼錄》、《點鬼簿》與《錄鬼簿》〉,見《文學遺產》,1982 年第 1 號。

53.楊啟樵《明代諸帝之崇尚方術及其影響》,見《新亞書院學術年刊》第 4 期,1962 年。

54.趙景深〈《拍案驚奇》的來源和影響〉,見《中國小說叢考》(濟南:齊魯書社,1980)。

55.〈《二刻拍案驚奇》的來源和影響〉,同上書。

56.〈四十卷本《拍案驚奇》的發現〉,見《中國小說叢考》(濟南:齊魯書社,1980)。

57. 〈談《拍案驚奇》第二十五卷〉，同上書。

58. 〈談明代短篇小說〉，同上書。

59. 〈凌濛初的衫襟記〉，見《明清曲談》（北京：古典文學出版社，1957）。

60. 樂蘅軍〈從荒謬到超越——論古典小說中神話情節的基本涵意〉，見《古典小說散論》（臺北：純文學出版社，1977年）。

61. 樂蘅軍〈浪漫之愛與古典之情〉，同上書。

62. 劉良明〈論試晚明的現實主義小說理論〉，見《武漢大學學報》1981年，第1期。

63. 鄧允建〈談在《三言》《兩拍》中所反映的市民生活的兩個特色〉，見《明清小說研究諭論文集》（續編）（中國語文學社，1970）。

64. 增田涉著，前田一惠譯〈論「話本」一詞的定義〉，見《中國古典小說研究專集》⑶（臺北：聯經出版事業公司，1981）。

65. 謝旡量《明清小說論》，見鄭振鐸編《中國文學研究》下冊（上海：上海書局，1981）。

66. 韓南著，姜臺芬譯〈凌濛初的初、二刻拍案驚奇〉，見王秋桂編《韓南中國古典小說論集》（臺北：聯經出版事業公司，1979）。

67. 戴不凡〈《拍案驚奇》和史實〉，見《小說見聞錄》（杭州：浙江人民出版社，1980）。

68. 戴望舒〈凌濛初的劇本〉，見吳曉玲編《小說戲劇論集》（北京：作家出版社，1958）。

69. 〈日本目光輪王寺所藏中國小說〉，同上書。

70.魏同賢〈馮夢龍、凌濛初和《三言》、《兩拍》〉見文史知識編輯部編《漫話明清小說》（北京：中華書局，1991 年）。

71.羅錦堂〈中國小說觀念的轉變〉，見《大陸雜誌語文叢書》，1970 年。

72.譚正璧〈三言兩拍本事源流述考〉，見《話本與古劇》（上海：古典文學出版社，1957）。

㈡專書著作

1.小柳司氣太著，陳斌和譯《道教概說》（臺灣：商務印書館，1966）。

2.孔另境輯錄《中國小說史料》（上海：古典文學出版社，1957）。

3.王利器輯錄《元明清三代禁毀小說戲典史料》（上海：上海古籍出版社，1981）。

4.双翼《談〈拍案驚奇〉》（香港：上海書局，1977）。

5.本社編《中國古典悲劇喜劇論集》（上海：上海文藝出版社，1983）。

6.清・永榕等撰《四庫全書總目》（北京：中華書局，1981）。

7.朱光潛《文藝心理學》，見《朱光潛美學文集》（上海：上海文藝社出版，1982）。

8.──《悲劇心理學──各種悲劇快感理論的批判研究》（北京：人民文學出版社，1983）。

9.吉林大學中文系《中國古典小說講話》（吉林：吉林人民出版社，1981）。

10.沈兼士編著《中國考試制度史》（臺灣：商務印書館，1969）。

11. 李希凡《論中國古典小說的藝術形象》（上海：上海文藝出版社，1980）。

12. 李輝英《中國小說史》（香港：東亞書局，1970）。

13. 李詢《明清史》（香港：文昌書局根據 1956 年上海人民出版社版本重印）。

14. 祁彪佳《遠山堂劇品》，見中國戲曲研究院編《古典文學論著集成》㈥（北京：中國戲曲出版社，1980）。

15. ——《遠山堂曲品》，同上書。

16. 孟瑤《中國小說史》（臺北：文星書店，1966）。

17. 清・宗源瀚等修，周學濬等纂《湖州府志》（臺北：成文出版社據清同治十三年刊本影響）。

18. 明・抱甕老人《今古奇觀》（廣東：廣東人民出版社，1981）。

19. 胡士瑩《話本小說概論》（北京：中華書局，1980）。

20. 胡菊人《紅樓、水滸與小說藝術》（臺北：遠景出版事業公司，1981）。

21. ——《小說技巧》（臺北：遠景出版社，1981）。

22. 胡懷琛《中國小說論》（香港：南國出版社，1961）。

23. 洪楩編《清平山堂話本》（北京：文學古籍刊行社，1955）。

24. 孫楷第《日本東京所見小說書目》（北京：人民文學出版社，1981）。

25. ——《俗講、說話與白話小說》（北京：作家出版社，1956）。

26. ——《中國通俗小說書目》（北京：作家出版社，1957）。

27. 國立中央圖書館編《明人傳記資料索引》（臺北：1965）。

28.郭箴一《中國小說史》（香港：泰興書局，1961）。

29.莊因《話本楔子匯說》（臺北：聯經出版事業公司，1978）。

30.陸費逵總勘《周禮注疏》，見《四部備要》（經部）（上海：中華書局據阮刻本校刊，1935）。

31.清·張廷玉《明史》（北京：中華書局，1974）。

32.張楚叔《吳騷合編》四卷，明·白雲齋選訂樂府（臺北：中央研究院藏）。

33.凌椎哲《萬姓編譜》（明萬曆巳卯年刻）（臺北：新興書局有限公司，1971）。

34.明·凌稚隆《倪思史漢異同補評》（明·凌氏原刊本）。

35.明·凌濛初輯《選詩》（凌氏原刊朱墨套印本）。

36.凌濛初著，王古魯蒐錄編注《初刻拍案驚奇》（上海：古典文學出版社，1957）。

37.凌濛初著，王古魯蒐錄編注《二刻拍案驚奇》（上海：古典文學出版社，1957）。

38.凌濛初《拍案驚奇》（上海：上海古籍出版社，1982）。

39.凌濛初著，李田意輯校《拍案驚奇》（香港：友聯出版社有限公司，1966）。

40.凌濛初著，李田意輯校《二刻拍案驚奇》（香港：友聯出版社有限公司，1980）。

41.凌濛初《拍案驚奇》（上海：上海雜誌公司據清初姑蘇萬元樓刻本排印，1935）。

42.凌濛初輯《孔門兩弟子言詩翼》（鈔本）。

43.凌濛初編《東坡禪喜集》（凌氏原刊朱墨套印本）。

44.——《聖門傳詩嫡冢》（凌氏原刊本）。

45.——《合評選詩》（凌氏原刊朱墨套印本）。

46.——《陶書合集》（凌氏原刊朱墨套印本）。

47.——瀛初輯評《世說新語》（凌氏原刊朱墨套印本）。

48.曾祖蔭、周偉民等選著《中國歷代小說序跋選注》（湖北：長江文藝出版社，1982）。

49.敏澤《中國文學理論批評史》（北京：人民文學出版社，1981）。

50.葉朗《中國小說美學》（北京：北京大學出版社，1982）。

51.葉慶炳主編《中國古典小說中的愛情》（臺北：時報出版公司，1965）。

52.明・馮夢龍編《古今小說》（世界書局據明天許齋本影印，1958）。

53.——《醒世恒言》（香港：中華書局，1978）。

54.——《喻世名言》（香港：中華書局，1978）。

55.——《警世通言》（香港：中華書局，1978）。

56.復旦大學中文系古典文學教研組《中國文學批評史》（上海：上海古籍出版社，1981）。

57.清・黃文暘《曲海總目提要》（原名《樂府考略》）（香港：漢學圖書供應社，1967）。

58.黃孟文《宋代白話小說研究》（新加坡：友聯書局有限公司，1971）。

59.傅惜華撰《明代雜劇全目》（臺北：世界書局，1965）。

60.傅勤家《中國道教史》（臺灣：商務印書館，1970）。

61.程毅中《宋代話本》（北京：中華書局，1980）。

62.賈文昭、徐召勛《中國古典小說藝術欣賞》（合肥：安徽人民

出版社，1982）。

63.趙景深《明清曲淡》（上海：古典文學出版社，1957）。

64.樂蘅軍《宋代話本研究》（國立臺灣大學中國文學研究所及歷史學研究所聯合出版，出版年代不詳）。

65.劉大杰《中國文學發展史》（上海：中華書局，1963）。

66.劉葉秋著《歷代筆記概述》（北京：中華書局，1980）。

67.劉若愚著，杜國清譯《中國文學理論》（臺北：聯經出版事業公司，1981）。

68.劉明今，袁震宇《明代文學批評史》（上海：上海古籍出版社，1991）。

69.蔣祖怡《小說纂要》（上海：正中書局，1948）。

70.蔡儀《美學論著初編》（上海：上海文藝出版社，1982）。

71.鄭元慶輯《湖錄經籍考》《吳興叢書》。

72.鄭天挺主編《明清史資料》（天津：天津人民出版社，1981）。

73.鄭振鐸編《中國文學研究》（上海：上海書店，1981）。

74.──《中國俗文學史》（北京：作家出版社，1954）。

75.──《插圖本中國文學史》（北京：作家出版社，1957）。

76.鄭篤《中國俗文學史》（臺北：商務印書館，1970）。

77.魯迅《中國小說史略》（北京：人民文學出版社，1973）。

78.──《中國小說的歷史變遷》（香港：中流出版社，1958）。

79.謝國禎《明代社會經濟史料選編》（福建：福建人民出版社，1980）。

80.戴不凡《小說見聞錄》（杭洲：浙江人民出版社，1980）。

81.瞿同祖《中國法律與中國社會》（北京：中華書局，1981）。

82.羅錦堂《明代劇作家考略》（香港：龍門書店，1966）、

83.清‧羅懍《程縣志》（乾隆十一年刊本）。

84.譚正璧《三言兩拍資料》（上海：上海古籍出版社，1980）。

85.──《話本與古劇》（上海：古典文學出版社，1957）。

86.譚達先《中國評書（評話）研究》（香港：商務印書館，1982）。

87.宋‧蘇軾撰，明‧盛文明編《蘇長公表啓》（明‧吳興凌濛初刊朱墨套印本）。

88.不著撰人名氏《京本通俗小說》（上海：古典文學出版社，1955）。

㈢日文論文

1.小川陽一《三言二拍と善書》，見《日本中國學會報》第 23 集，1980。

2.荒木猛《凌蒙初の家系とその生涯》，見《文化》第 44 卷第 12，1980 年。

3.──《二拍における娛樂性と戲作性》，見《集刊東洋學》第 4 號，1979。

㈣英文論著

　　A. Article

1. C. T. Hsia, "Society and Self in the Chinese Short Story", in his *The Classic Chinese Novel* (New York, Columbia University Press, 1968)

2. Bishop, John Lyman, "Some Limitations of Chinese Ficiton", edited by Bishop, J. L. *Studies in Chinese Literature* (Cambridge, Harvard University Press, 1965)

3. Hanan, Patrick, "Ling Mengchu" in his*The Chinese Vernacular Story* (Cambridge, Harvard University Press, 1981)

4. Prusek, Jaroslav, "The Changing Role of the Narrator", edited by Leo Ou-fan Lee, *The Lyrical and the Epic: Studies of Modern Chinese Literature* (Bloomington, Indiana University press, 1980)

B. Books

1. Bishop, John Lyman, *Studies in Chinese Literature* (Cambridge, Harvard University Press, 1965)

2. -------, *The Colloquial Short Story in China: A Study of the San-Yen Collections* (Cambridge, Harvard University Press, 1965)

3. Foster, E. M., *Aspects of the Novel and Related Writings* (London, Edward Arnold (Publishers) Ltd., 1974)

4. Frye, Northrop, *Anatony of Criticism: Four Essays* (Princeton, Princeton University Press, 1973)

5. Hales, Dell R., *The Pai-An Ching-Chi: A Literary Criticism* (Ph. D. Thesis, Department of East Asian Languages and Literatures Indiana University, 1969)

6. Kern, Jean E., *The Individual and Society in the Chinese Collquial Short Story: The Chin-Ku Chi-Kuan* (Ph. D. Thesis, Department of Languages and Literature, Indiana University, 1974)

7. Liu, James, *Chinese Theories of Literature* (Chicago, University of Chicago Press, 1975)

8. Richards, I. A., *Principles of Literary Criticism* (London, Kengan Paul, Trends and Trubrer, 1930.)